高职学生劳动教育实践与评估

刘佩云　李浩泉　编著

中国出版集团有限公司

世界图书出版公司

广州·上海·西安·北京

图书在版编目（CIP）数据

高职学生劳动教育实践与评估 / 刘佩云，李浩泉编著. -- 广州：世界图书
出版广东有限公司，2025. 1. --ISBN 978-7-5232-1980-5

Ⅰ. G40-015

中国国家版本馆CIP数据核字第20251FG410号

书　　名	高职学生劳动教育实践与评估	
	GAOZHI XUESHENG LAODONG JIAOYU SHIJIAN YU PINGGU	
编　　著	刘佩云　李浩泉	
策划编辑	陈名港	
责任编辑	冯彦庄　董相仪	
装帧设计	王　勇	
责任技编	刘上锦	
出版发行	世界图书出版有限公司　世界图书出版广东有限公司	
地　　址	广州市海珠区新港西路大江冲25号	
邮　　编	510300	
电　　话	（020）34201967	
网　　址	http://www.gdst.com.cn	
邮　　箱	wpc_gdst@163.com	
经　　销	新华书店	
印　　刷	广州希扬印刷有限公司	
开　　本	710 mm×1 000 mm　1/16	
印　　张	11.75	
字　　数	211千字	
版　　次	2025年1月第1版　　2025年1月第1次印刷	
国际书号	ISBN 978-7-5232-1980-5	
定　　价	48.00元	

编 委 会

前　言

为构建德智体美劳全面发展的人才培养体系，2020年3月，我国出台《关于全面加强新时代大中小学劳动教育的意见》(以下简称《意见》)。《意见》明确指出，要把劳动教育纳入人才培养的全过程，与德育、智育、体育、美育相融合。要求在各学段根据学生的发展特点，在大、中、小学中设立劳动教育必修课，系统地加强劳动教育课程，最终实现通过劳动教育，使学生能够理解和形成马克思主义劳动观，牢固树立劳动最光荣、劳动最崇高、劳动最伟大、劳动最美丽的观念，体会劳动创造美好生活，知晓劳动不分贵贱，热爱劳动，尊重普通劳动者，培养勤俭、奋斗、创新、奉献的劳动精神，具备满足生存发展需要的基本劳动能力，形成良好的劳动习惯。

高等职业教育的根本任务是培养技术型应用型人才，以适应社会发展，同时社会岗位对人才的劳动素质提出较高的要求。高等职业教育在让学生掌握技能的同时，也拥有更高的劳动素养。那么，如何培养学生的马克思主义劳动观？如何培养学生勤俭、奋斗、创新、奉献的劳动精神？如何培养学生良好的劳动习惯？《意见》明确提出，职业院校以实习实训课为主要载体开展劳动教育，其中，劳动精神、劳模精神、工匠精神专题教育不少于16学时。除劳动教育必修课程外，其他课程结合学科、专业特点，有机融入劳动教育内容。大、中、小学每学年设立劳动周，可在学年内或寒暑假自主安排，以集体劳动为主。高等学校也可安排劳动月，集中落实各学年劳动周要求。

高职院校将劳动教育课程设置为必修课程，各学科教师要提升自身的劳动教育水平，将劳动教育课程内容融入学科教学。教育行政部门、高职院校及其教师要采取各种方法，整合各方力量推动劳动课程实施。本书以《意见》精神为依据，以高职院校学生为对象，结合高职学生的特点，结合高职院校教育实际，对劳动教育的价值及路径展开分析，并就如何开展高职学生劳动教育课程开发及评价做了重点介绍，同时延伸至职业院校大学生工匠精神的培养，为高职院校劳动教育的开展提供借鉴。

本书共分为五章。第一章为高职院校劳动教育基本概述，对大学生教育进行阐述，介绍了高职院校劳动教育内涵、高职院校劳动教育的学段要求、高职院校劳动教育的时代定位及人工智能时代劳动教育；第二章为高职学生劳动教育课程的开发，介绍了高职学生劳动教育课程开发理念，以及公益劳动教育课程、服务学习劳动教育课程、实习实训课程、创新创业课程、社会实践课程等多类课程的开发，详细阐述了各类课程的开发背景、课程理念、课程目标及规划、实施和评价，有较强的操作性；第三章为高职学生劳动教育课程的评价，对高职劳动教育课程评价的理念、评价主体、评价内容、评价方法做了比较详细的介绍，并对高职劳动教育课程评价的实施和评价结果的应用做详细说明；第四章为高职学生劳动教育与综合素质发展融合，阐述了素质教育与劳动教育的关系，公益劳动对提升高职学生思想道德素质的作用，以及大学生综合素质测评体系改革中高职劳动育人的实施；第五章为高职学生劳动教育中工匠精神的培养，介绍了学生工匠精神培育现状、高职院校人文教育内涵及工匠精神培养、劳动教育中高职学生职业素养培养路径。

本书编写过程中限于作者水平，书中倘若存在纰漏及不妥之处，敬请读者批评、指正。

编者

2023 年 5 月

目　录

第一章　高职院校劳动教育基本概述　/ 1

第一节　大学生劳动教育介绍　/ 1

第二节　高职院校劳动教育内涵解读　/ 8

第三节　高职院校劳动教育的学段要求　/ 14

第四节　高职院校劳动教育的时代定位　/ 16

第五节　人工智能时代劳动教育解读　/ 26

第二章　高职学生劳动教育课程的开发　/ 32

第一节　高职学生劳动教育课程开发理念　/ 32

第二节　公益劳动教育课程开发　/ 59

第三节　服务学习劳动教育课程开发　/ 67

第四节　实习实训课程开发　/ 74

第五节　勤工助学劳动教育实践活动开发　/ 83

第六节　创新创业课程开发　/ 88

第七节　社会实践课程开发　/ 97

第三章　高职劳动教育课程评价　/ 107

第一节　高职劳动教育课程评价理念　/ 107

第二节　高职劳动教育课程评价主体　/ 110

第三节　高职劳动教育评价内容　/ 120

第四节　高职劳动课程评价方法　/ 124

第五节　高职劳动教育课程评价实施　/ 130

第六节　高职劳动教育课程评价结果应用　/ 135

第四章　高职学生劳动教育与综合素质发展融合　/ 145

第一节　劳动教育：高职学生不可或缺的素质教育　/ 145

第二节　公益劳动：提升高职学生思想道德素质　/ 151

第三节　基于大学生综合素质测评体系改革的高职劳动育人
　　　　模式　/ 157

第五章　高职学生劳动教育中工匠精神的培养　/ 163

第一节　高职学生工匠精神培育现状　/ 163

第二节　高职院校人文教育内涵及工匠精神培养　/ 169

第三节　劳动教育中高职学生职业素养培养路径　/ 173

参考文献　/ 177

第一章
高职院校劳动教育基本概述

第一节　大学生劳动教育介绍

2020年3月，中共中央、国务院出台了《关于全面加强新时代大中小学劳动教育的意见》，随后，教育部印发《大中小学劳动教育指导纲要（试行）》（以下简称《纲要》），加强劳动教育已经成为当前教育改革的重要任务。大学生作为新时代国家、民族、社会发展的生力军，如何更好地奋进新征程、建功新时代，劳动教育必不可少。

一、大学生劳动教育的新内涵

劳动是人维持自我生存和发展的唯一手段。教育与生产劳动相结合是马克思主义教育思想的重要组成部分，也是我国一贯坚持的教育方针。随着社会的进步和发展，劳动教育的外延也随之获得进一步的拓展，外延的变化导致了劳动教育的内涵出现了新的变化。

（一）在劳动理念的树立上，要与时俱进

回顾中国劳动教育的发展历程，早期的劳动教育是以生产为目标的实践形式。新中国成立后，中共中央提出了教育必须同生产劳动相结合。这一教育方针提高了劳动者的地位，增强了学校教育的实践性。进入21世纪以后，劳动的

时代内涵拓展，从教育与生产劳动相结合变为教育与生产劳动和社会实践相结合，外延的变化导致了劳动教育的内涵模糊不清，这在一定程度上凸显出重技术之维、忽视人本之维。随着科学技术的飞速发展，脑力劳动、服务性劳动、创造性劳动形态的作用日益重要。因此，劳动教育的理念也要与时俱进，劳动教育要紧紧围绕新的劳动观，坚持以实现人的全面发展为目标，坚持"五育融合"的教育方针。

（二）在目的的取向上，注重服务社会和自身发展相结合

反思中国劳动教育的目的，容易受到社会发展制约和控制，缺乏从学生自身发展出发考虑。新时代中国特色社会主义劳动教育的目的是培养能够具有劳动知识、劳动技术素养、劳动精神、工匠精神、辛勤劳动、诚实劳动、创造性劳动的德智体美劳全面发展的社会主义建设者和接班人。大学生劳动教育的目的就是在教育教学体系下，学生通过劳动培养品德、增长智慧、强身健体、培育美育，实现个人的全面发展，为成为合格的社会主义建设者和接班人做准备。

（三）在目标的确立上，注重显性目标和隐性目标相结合

大学生劳动教育的目标是通过学校课程、实践活动、生活劳动等教育，使学生收获技能或产品，获得价值观、情感有关的品行上的收获，从而实现树德、增智、健体、育美、创新的育人价值。此目标中，收获技能或产品是劳动教育的显性成果，价值观、情感等精神涵养的收获是隐性成果，大学生劳动教育的着眼点始终是全面提升学生的劳动素养。

（四）在原则的确定上，始终围绕人才培养目标

首先，劳动教育要遵循社会主义方向，为培养社会主义建设者和接班人服务；其次，劳动教育要为学生的全面发展服务，通过劳动教育，调动学生的主观能动性，发挥学生的创造性，实现全面发展；再次，劳动教育要遵循客观实际的原则，充分考虑学生的实际情况以及学校的办学条件等主客观因素，探索最适宜的劳动教育模式；最后，劳动教育要遵循理论与实践相结合的原则，只有让学生将所学知识运用到生活中，才能够更好地激发学生的学习兴趣，才能避免出现"读死书"的现象。

（五）在内容的设置上，秉承发展的内容观

在过去，学校的劳动教育内容主要围绕的是生产性和技术性的内容，随着劳动形态的不断变革，之前的劳动教育内容在新时代背景下受到了严峻的挑战。目前，生产与技术、知识与价值、信息与文化、时间与空间等劳动要件的结合比以前任何时代都更加复杂、更加多样。这些变化要求新时代大学生的劳动教育必须秉承这一种发展的内容观，才能更好地实现教育目标。新时代大学生的劳动教育内容应包括劳动思想教育、劳动技能培育和劳动实践锻炼。劳动思想教育包括了劳动价值观、劳动态度教育、劳动品德教育。在劳动价值观的教育中，要让学生体会并认同劳动的光荣、崇高、伟大和美丽；在劳动态度的培养中，除了要让学生热爱劳动，还要让他们有辛勤劳动的态度；在劳动品德教育中，重点让学生理解劳动没有贵贱之分，所有的劳动者都是社会主义建设的奋斗者，都是值得尊重的，同时让学生养成诚实劳动的品德。劳动技能培育主要是以专业知识的学习为基础，让学生掌握相关技能，为以后更好地就业、更好地建设祖国做准备，但是在接受专业知识和技能学习的同时，还要进行相关劳动科学的学习。劳动实践锻炼主要形式是社会实践活动，学生可以利用课余时间和寒暑假时间开展包括志愿服务、感恩母校、勤工俭学等形式的劳动活动，在实践中体会劳动的辛苦与获取成功的喜悦。

（六）在路径的选择上，要充分发挥个人、家庭、学校、社会的联动作用

在个人层面上，学生要深入学习新时代对劳动教育的阐述，深入理解劳动对个人成长成才的重要作用，主动探索劳动教育的形式，主动参与各类劳动教育活动。在家庭层面上，父母要摒弃以成绩来衡量孩子是否成才的唯一标准的错误观点，要培养孩子自立自强的优良品质，给孩子创造更多劳动的机会和体验，让孩子在劳动中懂得对劳动者的尊敬之情，珍惜来之不易的劳动成果。在学校层面，单一的劳动教育实践难以实现新时代劳动教育的目标，因此学校应探索出劳动教育在课程和活动等方面有机整合的道路，形成直接劳动与间接劳动、学科劳动和活动劳动、个人劳动和集体劳动、校内劳动和校外劳动等劳动教育形态充分融合的教育体系。在社会层面上，社会要努力营造一种人人爱劳动、劳动最光荣等良好的氛围，并大力树立杰出劳动者的榜样典型，尤其是学

生身边的人物事迹，让学生达到情感上的共鸣。通过正能量的传递，使热爱劳动、尊重劳动、珍惜劳动成果的观念深入人心。

（七）在保障的确立上，要注重内外部保障因素相统一

新时代大学生劳动教育的实施需要内外部保障因素的保驾护航。内部因素包括从事劳动教育的教师教学能力、学校劳动课程的设置、劳动教育的评价体系，外部因素包括社会环境和家庭氛围。在师资队伍保障方面，通过自学、培训、交流等多种方式的学习，不断更新教师的劳动教育观念，让新的劳动教育理念能及时内化到教师原有的知识结构中，使教师认同并愿意投入劳动教育；在组织条件方面，学校要将劳动教育纳入课程体系，开设专门的劳动课，以第二课堂为载体，开展劳动实践活动等，充分发挥劳动教育的隐性作用；在评价体系方面，要建立包含教育主体和教育客体双方面的评价指标。教师层面，要明确教师的考核办法，将劳动教育的考核结果纳入教师的评级。学生层面，要将学生劳动教育的成绩纳入学生的综合素质测评，并作为其评先评优的重要指标。社会环境的保障方面，要营造劳动教育的良好氛围，借助对劳动精神的宣传，展现中华儿女自力更生、艰苦奋斗的风采。

二、新时代大学生劳动教育的新要求

劳动教育作为高校人才培养的关键一环，其价值日益显著。劳动教育的意义不仅在于实践技能的传授，更在于塑造学生的劳动观念、劳动习惯和劳动精神，加强对大学生综合素质的培养。因此，高校必须准确理解和把握新时代对大学生劳动教育提出的新要求，才能有的放矢，提升劳动教育成效。

（一）充分认识大学生劳动教育对培养合格的社会主义建设者和接班人的重要作用

大学生是推动社会进步最强大的力量，在学校享用最优质的教育资源，接受最前沿的科学文化教育，毕业后就要投身社会主义建设中去。但是，现在有些大学生养尊处优，娇生惯养，惰于劳动，劳动意识淡薄，也不能很好地掌握劳动技能，甚至毕业后还处于"啃老"状态。中国梦是要靠全国人民诚实劳

动、辛勤劳动来实现的，因此，对大学生进行劳动教育是社会主义建设急需解决的问题。

（二）深刻理解大学生劳动教育对推进素质教育的积极意义

尽管素质教育在中国推行多年，但在目前的教育体制下，重智轻德体美劳的问题仍然很普遍，尤其是劳动教育，越来越流于形式。但是，劳动教育对人的全面发展有着重大意义。对大学生来说，他们可以在劳动教育中养成吃苦耐劳品质、提升职业能力、培育创新创业能力等，因此，劳动教育可以更好地推动素质教育的发展。

（三）充分肯定大学生劳动教育是学生创新能力培养的重要途径

创新是国家发展的强大动力。大学生作为国家建设的主力军，必须具备创新思维和创新能力。劳动教育为大学生实践创新提供了载体，大学生可以在参加劳动教育的过程中发现问题、提出问题、分析问题、解决问题，促进创新能力的发展。

（四）牢牢把握大学生劳动教育与中小学劳动教育的区别与联系

大学生的劳动教育是中小学劳动教育的继承和延续。劳动教育应贯穿学生学习生涯的始终。大学生劳动教育与中小学劳动教育最大的区别是专业教育，大学生通过专业课的学习更好地就业，为走向社会做准备。大学生的劳动教育可以将专业知识的学习与实践学习相结合，劳动教育还可以与思想政治教育相结合，与创新创业教育相结合。

（五）深刻体会德智体美劳的辩证关系

回顾中国的教育方针，劳动教育曾一度失去独立地位。党的十八大后，德智体美劳的教育方针有了新的表述，这说明这五个方面既有联系又有区别，不可相互替代。学生在劳动教育中形成了优良的品德和价值观，这也是德育的教育内容，学生在劳动过程中形成的劳动成果也是美育的一部分，学生在劳动过程中强身健体又实现了体育的目标，因此，劳动教育与其他四个方面相辅相成、相互促进。

三、新时代高职学生劳动教育的新路径

要形成劳动教育的良好氛围，加强学生劳动精神的培育，高职院校就不能仅仅停留在对学生劳动意识的零散教育或针对学生进行劳动教育理论阐发的层面，而是要针对时代特征、学校类别、学生特点构建能够落地生根、扎实有效的新时代大学生劳动教育机制。高职院校教育者必须认识到，新时代高职院校劳动教育既是培养大学生劳动精神和劳动创新意识的重要渠道，更承载着砥砺大学生公共服务精神的教化功能。遵循劳动教育规律，培养为人民服务的时代青年，是新时代完善高职院校立德树人体系的题中应有之义。

（一）融合大学生职业生涯规划渗透劳动教育

大学时期是人生由学校迈向社会的转折期。在这一时期做好人生规划，尤其是职业生涯规划，对大学生的人生走向具有决定性的意义，同时也对大学生是否能够在职业生涯中获得充分自由发展具有持久影响。在规划职业生涯时要想将职业理想与自己的特长爱好相结合并非易事，需要对自己有全方位的透彻认识和客观中肯的评价，更需要对社会职业有深入的认识和理解。在新时代中国特色社会主义建设过程中，国家和社会对劳动者的劳动能力、劳动心理有相应的要求。目前，大学生职业生涯规划受到广泛重视，高职院校专门开设了职业发展与就业指导课程，对学生进行专门的职业生涯辅导和训练。高职院校劳动教育可以将职业生涯规划作为优质平台，将两者有机结合，既增强职业生涯规划的实践性，又能为大学生劳动教育找到良好的输出端口。大学生劳动教育不仅要培养大学生的职业能力，更要培养他们的职业情感，包括劳动价值观、劳动态度、劳动伦理、劳动品格等，这些抽象的心理层面的教化能够使大学生建立起更加完善的职业认知和职业判断，有助于大学生做出更加理性成熟的职业生涯规划。高职院校作为为社会发展培养高素质技术技能人才的主阵地，结合职业生涯规划与就业指导工作对大学生进行劳动教育，也是推行素质教育的必然要求。

（二）丰富和完善大学生劳动教育授课及考评机制

首先，高职院校应广泛开设劳动教育类课程。如劳动科学、马克思主义劳动观等，从劳动起源、劳动本质、劳动社会保障、劳动安全、劳动法律等方面系统讲授与劳动有关的学理知识，既不失高等教育的高度和深度，又能将劳动理念以严谨的学理语言、深邃的学术思想向大学生呈现。其次，在思想政治理论课中渗透劳动教育，把劳动教育作为思想政治教育的重要内容。再次，完善劳动教育的考评机制。随着新时代"五育方针"在高职院校的全面贯彻，大学生劳动教育应该被推向一个新的高度。强化劳动课程考评，扩大劳动实践在大学生评价体系中的比重，将劳动教育成果与评优、评奖体系对接，构建系统、合理的德智体美劳综合评价标准，才能让大学生劳动教育从理论到实践全方位落到实处。

（三）增加见习、实习、实训环节，增强劳动教育实效

见习、实习、实训是大学生接受知识、习得本领重要的第二课堂，也是其接受劳动教育的现实实践。大学生将在校学习期间所习得的专业理论知识在见习、实习、实训环节转化为具体的操作技能，是一个由知到行的升华过程，也是进一步加深对劳动教育重要性认识的过程。经过实践的洗礼，将从生产实践中提炼的理论再运用到生产实践中，这一循环上升的认识逻辑，能够加强大学生对理论知识的理解，更能深化大学生对劳动价值的认知。大学生在见习、实习、实训中会接触并受教于除教育行业之外的其他行业的劳动者，通过见习、实习、实训过程中传帮带的劳动示范和亲身指导，促进大学生将理论转化为实践，也有益于在大学生心目中树立劳动教育的现实榜样。见习、实习、实训过程中贯彻渗透的劳动教育是大学生未来成就事业的宝贵财富，积淀的劳动理念和劳动能力是大学生蓄势待发、投身社会、绽放光芒的重要能量。因此，高职院校的劳动教育设计与用人单位的劳动要求的匹配程度，直接关系到高职院校培养的大学生是否具备符合社会要求的劳动意识、劳动习惯、劳动技能，也直接影响着大学生劳动教育的实效性。

总之，劳动是创造社会财富的源泉。大学生的劳动教育关系到立德树人根本任务的实现，更体现着为国家培养强国人才的时代使命。大学生的劳动观念、劳动素养是人才强国和民族未来发展的重要基础。新时代大学生作为国家和民族发展的中坚力量，在高职院校教育过程中增进劳动感知、领会劳动意蕴、根植劳动情怀，能够养成热爱劳动的行为习惯，树立尊重劳动的价值理念，提高社会责任感和在国家建设中舍我其谁的担当意识，进而为实现中华民族伟大复兴的中国梦贡献劳动成果和青春价值。

第二节　高职院校劳动教育内涵解读

一、高职院校劳动教育的内涵

（一）劳动

"种豆南山下，草盛豆苗稀。晨兴理荒秽，戴月荷锄归。道狭草木长，夕露沾我衣。衣沾不足惜，但使愿无违。"这首诗描绘了古代劳动人民辛勤劳动创造美好生活的场景。综观人类历史，从茹毛饮血到刀耕火种，从精耕细作到工业生产，再到如今的信息化时代，劳动在历史向前的道路上留下了不可磨灭的印记。

关于什么是劳动，恩格斯曾做出阐释："政治经济学家说，劳动是一切财富的源泉。其实，劳动和自然界在一起才是一切财物的源泉，自然界为劳动提供材料，劳动把材料转变为财富，但是劳动的作用还远不止于此。劳动是整个人类生活的第一个基本条件，而且达到这样的程度，以致我们在某种意义上不得不说，劳动创造了人本身。"[①] 2015年，习近平总书记在庆祝五一国际劳动节暨表彰全国劳动模范和先进工作者大会上做过论断："劳动是人类的本质活动，劳动光荣、创造伟大是对人类文明进步规律的重要诠释。"人类凭借着自主自觉的劳动意识和劳动行为，创造了劳动工具，改变了自然对象，实现了种族延续，推动了文明进步。

在中华大地上，劳动的重要性更加不言而喻。劳动是中华儿女千百年来自强不息的炙热火种，勤劳是中华民族代代相传的传统美德。2020年，习近平总书记在表彰全国劳动模范和先进工作者大会上指出，在长期实践中，我们培育形成的崇尚劳动、热爱劳动、辛勤劳动、诚实劳动的劳模精神、劳动精神、工匠精神是"鼓舞全党全国各族人民风雨无阻、勇敢前进的强大精神动力"。可见，热爱劳动、崇尚劳动的观念始终根植于中华儿女心中。

---

① 《马克思恩格斯选集》第 3 卷，人民出版社，2012，第 988 页。

（二）劳动教育

劳动教育一直是教育的重要组成部分，是德智体美劳五育并举中的一环。2020年教育部印发的《大中小学劳动教育指导纲要（试行）》对劳动教育的重要意义有明确阐述："劳动教育是发挥劳动的育人功能，对学生进行热爱劳动、热爱劳动人民的教育活动。当前实施劳动教育的重点是在系统的文化知识学习之外，有目的、有计划地组织学生参加日常生活劳动、生产劳动和服务性劳动，让学生动手实践、出力流汗，接受锻炼、磨练意志，培养学生正确劳动价值观和良好劳动品质。""劳动教育是新时代党对教育的新要求，是中国特色社会主义教育制度的重要内容，是全面发展教育体系的重要组成部分，是大中小学必须开展的教育活动。它具有鲜明的思想性，必须将马克思主义劳动观贯彻始终，强调劳动是一切财富、价值的源泉，劳动者是国家的主人，一切劳动和劳动者都应该得到鼓励和尊重；倡导通过诚实劳动创造美好生活、实现人生梦想，反对一切不劳而获、崇尚暴富、贪图享乐的错误思想。"

进入新时代，劳动教育被赋予新的内涵，同时也面临着许多新的问题。例如，学校教育以教导学生学习文化知识为主，忽略了对学生劳动价值的引导、劳动精神的培养、劳动习惯的养成以及劳动实践锻炼等方面的教育；劳动教育的开展缺乏科学系统的顶层设计，物质投入、制度保障、评价体系等内容均不够完善；教育过程中普遍把劳动转化为体力劳动，传达出劳动就是干苦活、累活、脏活的偏见等。

（三）高职院校劳动教育

相较于普通高等院校，高职院校的劳动教育自有其独特优势。2020年3月，中共中央、国务院印发的《关于全面加强新时代大中小学劳动教育的意见》指出，劳动教育应"体现时代特征。适应科技发展和产业变革，针对劳动新形态，注重新兴技术支撑和社会服务新变化。深化产教融合，改进劳动教育方式。强化诚实合法劳动意识，培养科学精神，提高创造性劳动能力"，应"坚持因地制宜。根据各地区和学校实际，结合当地在自然、经济、文化等方面条件，充分挖掘行业企业、职业院校等可利用资源，宜工则工、宜农则农，采取多种方式开展劳动教育，避免'一刀切'"。这与高职院校的人才培养方案是高度契合的。

高职院校的学生人才培养方案在扎实学习基础理论知识的前提下，着重强调实践能力、动手能力，精于培养学生熟练运用新兴技术及先进社会服务理念开展。

我国历来将培养学生劳动能力、劳动价值观视为教育重点，基于劳动教育理论课，在思政课程、专业类课程、实践课程、顶岗实习等教育教学环节中融入劳动精神元素，贯穿人才培养全过程。与此同时，我国高职院校的办学理念各有千秋，各有特色，开展劳动教育时还可以因地制宜，灵活运用学校特色、行业资源，采取多种方式。因此，高职院校的实践教育、就业创业、校园文化活动、日常生活等都是开展劳动教育的有效抓手。

二、高职院校劳动教育的功能

（一）个体功能：促进学生的全面发展

劳动是个人成长的必要途径。个人在劳动中接受教育、吸取经验、总结教训、磨炼毅力，从而健全人格发展。然而，当前劳动教育在家庭层面、学校层面乃至社会层面上，普遍都存在"重学习、轻劳动"的现象。孩子在家庭中无须承担家务劳动，在学校里只顾学习知识，在社会上则接触到许多轻视劳动的言行举止，把劳动狭隘化地理解为"做苦力"，把劳动人民视为"底层劳动者"。这些现象是对劳动的不理解、不尊重，不利于青年一代的健康成长。

《意见》提出，坚持全员、全过程、全方位育人，把思想价值引领贯穿教育教学全过程和各环节，要把"劳动教育纳入人才培养全过程"，"与德育、智育、体育、美育相融合，实现知行合一，促进学生形成正确的世界观、人生观、价值观"。这些指导意见均指向劳动的育人功能，要求通过开展劳动教育来促进学生形成正确的三观。

在高职院校开展劳动教育，既可帮助学生通过形式丰富的劳动行为磨炼身心，培养正确的劳动价值观和良好劳动品质，养成健全人格，又可以紧密结合专业知识开展劳动、提升专业技能，真正促进学生的全面发展。

（二）社会功能：弘扬劳动幸福的社会风尚

《纲要》提到，劳动"具有突出的社会性，必须加强学校教育与社会生活、生产实践的直接联系，发挥劳动在个人与社会之间的纽带作用，引导学生认识社会，增强社会责任感；同时注重让学生学会分工合作，体会社会主义社会平等、和谐的新型劳动关系"。高职院校的毕业生正是社会运转所需的中坚力量，他们将在毕业后涌向社会的各行各业，凭借手中扎实的专业知识和过硬的操作技能，在行业第一线冲锋陷阵。集家庭、学校、社会之力开展好高职院校的劳动教育，让学生们在掌握劳动技能的同时树立起"劳动开创未来""劳动最光荣"的坚定信念，就是培养好一批又一批的社会力量，帮助他们在走向职业岗位后能够在劳动中找到幸福、赢得尊重、奉献价值。一批又一批爱劳动、会劳动的劳动者们在社会中站稳脚跟后，便能树立起一个个鲜活的劳动榜样，在不同的行业、不同的岗位上闪着光芒，让更多的人一起感受到劳动幸福的社会风尚。

（三）教育功能：完善高职院校育人体系

新时代高职院校劳动教育体系的构建，也具备完善高职院校育人体系的功能。新时代高职院校劳动教育可以实现"三全育人"的现实需求。劳动教育以促进人的全面发展为最终归宿，将学历教育与生产劳动和社会实践相结合，凝聚思政课教师、辅导员、专业课教师、劳动教育课教师等力量，使得劳动教育贯穿教学、管理和服务等环节。在引导学生崇尚劳动、尊重劳动的同时有效解决德育工作实效性不足的问题，是开展"三全育人"的重要途径。

新时代高职院校劳动教育是构建现代职业教育体系的客观需要。在2019年发布的《国家职业教育改革实施方案》明确指出，以促进就业和适应产业发展需求为导向，着力培养高素质劳动者和技术技能人才。高职院校劳动教育体系可以充分体现职业教育特色，面向现代职业教育体系需要，通过强化劳动教育促进就业，为产业发展培养一批批扎根专业、脚踏实地的劳动者、奋斗者。

（四）经济价值：劳动生产力得以发展

马克思从改变一般的人的本性出发来认识教育的经济价值，认为教育的经济价值在于教育通过生产劳动能力、使劳动能力具有专门性或使劳动能力改变状态，从而改变一般的人的本性，发展劳动生产力。

马克思说："要改变一般的人的本性，使他获得一定劳动部门的技能和技巧，成为发达的和专门的劳动力，就要有一定的教育或训练，而这就得花费或多或少的商品等价物。"①改变一般的人的本性就是在人的自然本性的基础上形成人的社会本性，使自然人变成社会人，使普通劳动力变成专门劳动力，使劳动者胜任脑力劳动和复杂劳动。

人的自然本性就是人的自然本能，它是一种并非由他人创造的自然前提。这种前提提供了人获得一定劳动部门的技能和技巧的可能性。教育把这种可能性变成了现实。劳动技能和技巧源于劳动，具有社会性。于是，掌握劳动技能和技巧就改变了一般人的本性，使人成为社会人。劳动技能和技巧必须通过一定的教育或训练才能获得，因此掌握劳动技能和技巧就改变了劳动能力的状态，使一个普通劳动力成为一个专门劳动力。所以，马克思说："教育会生产劳动能力。"②由教育生产出来的专门劳动力具有专门性，可以从事脑力劳动和复杂劳动，而脑力劳动和复杂劳动所创造的价值总是高于生产专门劳动力的价值。就像马克思所说的那样，"对脑力劳动的产物——科学的估价，总是比它的价值低得多，因为再生产科学所必要的劳动时间，同最初生产科学所需要的劳动时间是无法相比的，例如学生在一小时内就能学会二项式定理。"③马克思还指出："比较复杂的劳动只是自乘的或不如说多倍的简单劳动，因此少量的复杂劳动等于多量的简单劳动。"这意味着，脑力劳动和复杂劳动的产物体现了教育的经济价值。劳动者通过教育提高了自身的平均熟练程度、科研水平、应用科学技术的水平和生产管理水平，使生产资料更具规模和效能，从而提高了劳动生产力。这表明，教育可以提高劳动生产力。

从改变一般的人的本性出发，认识教育的经济功能，并把改变一般的人的本性与生产劳动能力、使劳动能力具有专门性、使劳动能力改变状态联系在一起，来认识教育的经济功能。这实现了马克思教育经济思想与马克思主义哲学的统一。

三、高职院校劳动教育的目标

教育部《大中小学劳动教育指导纲要（试行）》文件指出，劳动教育的总

---

① 《马克思恩格斯全集》第 26 卷，人民出版社，1972，第 159 页。

② 《马克思恩格斯全集》第 3 卷，人民出版社，2004，第 249 页。

③ 中共中央马克思恩格斯列宁斯大林著作编译局：《马克思恩格斯全集》第 48 卷，人民出版社，1985，第 63 页。

体目标是准确把握社会主义建设者和接班人的劳动精神面貌、劳动价值取向和劳动技能水平的培养要求，全面提高学生劳动素养，通过实施劳动教育，使学生具备以下良好的能力、品质和习惯。

（一）树立正确的劳动观念

劳动观念是指学生在劳动过程中形成的对劳动、劳动者以及劳动成果的看法和态度，它是劳动素养中最核心的要素，决定劳动素养的其他几个要素，包括劳动认知和劳动态度两个方面。在劳动教育过程中培养学生正确的劳动观念，知道劳动的重要性，理解劳动对人类发展和社会进步的意义和价值。

正确的劳动观念源自人们能够正确地理解劳动，认识到劳动是创造世界、改造世界和发展世界的源泉。正确理解劳动是推动人类发展和社会进步的动力源泉。这是大学生群体要成为新时代的社会主义的建设者和接班人，肩负起民族复兴大业的重任的需要。

正确认知劳动创造人、创造价值、创造财富、创造美好生活的道理，培养学生尊重劳动、尊重普通劳动者的态度，树立劳动最光荣、劳动最崇高、劳动最伟大、劳动最美丽的思想观念等。具有职业认同感、劳动自豪感和爱岗敬业的劳动态度，崇尚劳动不分贵贱，任何职业都很光荣，都能出彩。

（二）具有必备的劳动能力

高等教育阶段除了培养学生学习专业知识，还要提高学生的劳动技能。通过开展劳动教育，学校可以促使学生掌握能够满足社会生活、工作和发展需要的劳动技能，掌握足够支撑学生成长和走入社会的劳动知识和技能，正确使用常用的劳动工具，不断增强自身全方位的素质，增强自身的体力、智力和创造力，具备独自完成工作任务、生活任务，与团队一起完成一定劳动任务，完成一定劳动任务所需的设计、操作能力及团队合作能力。劳动技能是大学生从事具体工作的技术和能力，是提高劳动能力的关键。在大学教育中，应该注重实践教育，通过实习、实践等方式，让大学生掌握实际工作的技能和方法，提高其劳动能力。例如，某高校在工程专业中设置了实践课程，让学生参与实际工程项目，通过实践掌握工程技能和方法，提高了大学生的劳动技能。

（三）培育积极的劳动精神

劳动精神大致是指在劳动实践中，劳动者所表现出来的态度以及风貌。一方面，概括了劳动本质；另一方面，超越了劳动本身。劳动精神教育就是要让劳动光荣、创造伟大蔚然成风，成为铿锵有力的时代最强音。新时代劳动精神有其独特内涵，以尊重劳动为核心底色，以辛勤劳动为固有本色，以诚实劳动为鲜明特色，以创新劳动为时代亮色。尊重劳动是在马克思劳动观的科学指导下，尊重一切劳动、劳动者及劳动成果，并自觉对劳动产生内生性渴求的精神实质。

高职院校开展劳动课程，必须与职业教育的教育特点和教育规律相结合，强调对学生动手能力和实践能力的培养，深刻领会"幸福是奋斗出来的"的内涵与意义，继承中华民族勤俭节约、敬业奉献的优良传统，弘扬开拓创新、砥砺奋进的时代精神，牢记习近平总书记对新时代大学生的寄语，对劳动创造幸福的叮嘱，不忘初心、砥砺前行，用奋斗的青春去劳动、去开拓美好的未来。

（四）养成良好的劳动习惯和品质

学生能够以主动作为的态度，自觉自愿、认真负责、安全规范、坚持不懈地参与劳动，形成不推诿、主动作为、主动担当、诚实守信、吃苦耐劳的品质。在学习劳动的过程中，能够做到珍惜自己和身边人的劳动成果，养成尊重劳动者、劳动过程和劳动成果的良好品格，养成杜绝浪费的良好消费习惯。

第三节　高职院校劳动教育的学段要求

高职院校劳动教育的学习目标是以习近平新时代中国特色社会主义思想为引领，不断强化马克思主义劳动观教育，注重围绕创新创业，结合学科专业开展生产劳动和服务性劳动，积累职业经验，培育创造性劳动能力和诚实守信的合法劳动意识。

一是树立正确的就业观。掌握通用劳动科学知识，深刻理解马克思主义劳动观和社会主义劳动关系，树立正确的择业、就业、创业观，具有到艰苦地区和行业工作的奋斗精神。二是养成良好日常生活劳动习惯。日常生活中养成良好的劳动习惯，自觉做好宿舍卫生保洁，独立处理个人生活事务，积极参加勤工助学活动，提高劳动自立自强能力。三是培养主动作为的奉献精神。主动参与服务性劳动，自觉参与教室、食堂、校园场所的卫生保洁、绿化美化和管理服务等活动。结合"三支一扶"、大学生志愿服务西部计划、青年红色筑梦之旅、"三下乡"等社会实践活动开展服务性劳动，强化公共服务意识和面对重大疫情、灾害等危机主动作为的奉献精神。四是积极参与生产劳动。重视生产劳动锻炼，积极参加实习实训、专业服务和创新创业活动，重视新知识、新技术、新工艺、新方法的运用，提高在生产实践中发现问题和创造性解决问题的能力，在动手实践的过程中创造有价值的物化劳动成果。

新时代国家层面大力支持职业教育的创新发展，2021年全国职业教育大会召开之前，习近平总书记在对职业教育工作作出的重要指示中强调："要加快构建现代职业教育体系，培养更多高素质技术技能人才、能工巧匠、大国工匠。"

第一，高职学生的职业素养训练要求进行对其劳动认知素养的培育。高职学生的职业核心素养包括团队合作、职业沟通、自我管理、信息处理、解决问题、创新创业等能力。而在高职学生中开展劳动认知素养的培育，一方面能够提升高职学生的思想品德修养，锻炼和培育高职学生正确的劳动价值观，使其获得一定的责任感、荣誉感和集体感，促使其养成不怕苦、不怕累的职业劳动精神；另一方面，在高职学生中厚植劳动知识，能够让高职学生更好地体悟服务他人、服务社会的人生价值，进一步助推其综合素养的全面提升。另外，高职学生创新精神的养成要求对其进行劳动认知素养的培育。培育高职学生的劳动认知素养不仅有利于高职学生不断审视自身的创造潜能，激发其创新意识和创造精神，而且有利于强化高职学生的动手实践和实际操作能力。

第二，高职学生的劳动品格锤炼召唤对其劳动认知素养的培育。劳动品格锤炼是高职学生劳动认知素养培育的重要落脚点，是促进高职学生"爱劳动、会劳动"的关键所在。在高职学生中培育其劳动认知素养，一方面，可以使高职学生的身心、智力、毅力、才力等劳动品格得到全面的发展；另一方面，有利于促使其形成正确的劳动认知观念，帮助其在劳动实践中进行自我教育、自我管理、自我塑造，进而形成吃苦耐劳、不怕劳动、乐于劳动的劳动品格。因此，高职学生劳动认知素养的培育情况很大程度上可以作为高职院校劳动教育的衡量标尺，是高职院校培养德智体美劳全面发展的社会主义建设者和接班人的重要组成部分。

第三，高职学生的工匠精神铸就呼吁对其劳动认知素养的培育。劳动认知素养形成是培育高职学生工匠精神的主要途径，工匠精神培育对高职学生劳动认知素养也提出了新要求。铸就高职学生工匠精神，首先须保证其具备强健的体魄，只有具备强健的体魄，才能促使高职学生在铸就工匠精神的过程中奋发有为、勇于作为，这体现了劳动认知素养所包含的锻炼体魄与培育工匠精神这一内在深层关系。另外，高职学生自身的高素质职业技能标准，强调了其勤于实践的劳动认知素养，体现了其精益求精的工匠品质，因此劳动认知素养是铸就高职学生工匠精神的前提和保证，工匠精神是劳动认知素养的进一步升华和凝练。

第四，高职学生的创新创业教育要求对其劳动认知素养的培育。党的十八届五中全会指出，要"不断推进理论创新、制度创新、科技创新、文化创新等各方面创新，让创新贯穿党和国家一切工作，让创新在全社会蔚然成风"，"推动大众创业、万众创新，激发创新创业活力"。高职学生作为社会主义事业的重要建设者和接班人，作为新时代创新创业的主力军，理应积极投身到"大众创业、万众创新"的潮流之中。而正确的劳动认知素养是实现高职学生创新创业的重要基础，这主要在于新时代是创造性劳动时代，必须紧紧依靠高质量劳动、高技术劳动、新知识劳动等为人类进步事业与社会稳定发展作出积极贡献。因此，在这样一个知识创新、技术创新、服务创新、管理创新的新时代，高职学生劳动认知素养的提升，在一定程度上有利于创新创业活动的顺利开展。

第四节　高职院校劳动教育的时代定位

高职院校的劳动教育不仅要引导学生掌握基本的劳动知识和技能，养成劳动习惯和品质，更需要引导其树立科学的劳动观。作为新时代的高职院校阶段的劳动教育，应遵循大学生劳动观培养的规律，以促进学生的全面发展为目的，以培养社会主义现代化建设者和接班人为指向，从引导学生理解"为何劳动"、认同"何人劳动"、践行"如何劳动"、感悟"何以劳动"四个方面进行科学定位。劳动教育的重点将放在引导学生理解"为何劳动"，树立正确的劳动价值观；认同"何人劳动"，树立正确的劳动主体观；践行"如何劳动"，树立正确的劳动过程观；感悟"何以劳动"，树立正确的劳动关系观。劳动教育各基本目标之间并非彼此独立，而是相互联系、相互制约的，且具有很强的动态性。

一、理解"为何劳动"——树立正确的劳动价值观

劳动价值观是马克思主义的基本观点，马克思和恩格斯在经济学和人类学两个领域中阐述了相关内容。在经济学领域里，劳动创造商品价值，劳动创造社会价值，是社会财富的源泉。马克思认为，商品是社会财富的外在表现形式，研究资本主义经济应从商品入手。那么，什么样的劳动会产生价值？对于这个问题，马克思劳动观作出了详细阐述，不同的劳动形式和劳动过程会产生商品不一样的使用价值，而商品的价值则由抽象劳动决定，抽象劳动是凝结在商品中无差别的人类劳动。不同商品进行交换的前提是因为商品的价值量不同，这种价值量是由生产商品的社会必要劳动时间决定的。

在人类学领域中，马克思和恩格斯从唯物史观的角度分析"劳动创造了人本身"。人类通过劳动，可以再现并支配任何一种物质运动形式。劳动因之成了极其复杂和精巧的物质运动，而人因之成了最有潜力最善发展的生命机体。人类在劳动中不断优化同自然界物质交换、能量交换和信息交换的关系，逐步完成自身生命过程有序化，逐步去实现自身的人生目的。概括来说，劳动所形成的主客体关系包括人与自然、人与社会、人与自身三个层次。马克思、恩格斯的劳动价值观在中国得到继承和发展。新中国成立后，在社会主义制度下，强调人民当家作主，确立人民的劳动价值主体地位，形成以集体主义为主导的劳动价值取向，传承优秀的劳动品质，崇尚劳动英雄模范，弘扬刻苦耐劳的劳动精神。

步入新时代，习近平总书记全面论述了新时代的劳动价值观。学习研究习近平总书记关于劳动教育的重要论述，是我们开展新时代大学生劳动教育最为铿锵有力的理论依据。习近平总书记论述和强调劳动教育问题，是在马克思主义哲学的理论之源中进行的。在马克思劳动理论的基础上，习近平总书记强调指出："人民创造历史，劳动开创未来。劳动是推动人类社会进步的根本力量。"[1] 在这里，习近平总书记不仅把"劳动"作为一种基础性、根本性的物质

①《习近平：在同全国劳动模范代表座谈时的讲话》（2013 年 4 月 28 日），https://www.gov.cn/ldhd/2013-04/28/content_2393150.htm.

力量与整个人类社会联系起来，以更高的高度肯定了劳动创造历史、开创未来的重要作用，而且还更进一步地将"人类劳动"与"社会进步"直接联系起来，从而在理解"劳动"概念本身之上将"劳动"与"社会发展"紧密连接在一起。这一点至关重要，它直接成为习近平总书记关于"崇尚劳动"的劳动价值观论述的重要价值支撑。通过对习近平总书记相关劳动教育的重要论述的分析与梳理，我们不难看出，习近平总书记是从个体、社会、国家三个不同层面来分别论述劳动具有重要价值，而所有这些价值的最终归结点必然是引导人们，尤其是引导青少年崇尚劳动，引导广大学子和学校必须重视劳动教育。

在个体层面，习近平总书记早在2013年时就指出，"劳动是财富的源泉，也是幸福的源泉。人世间的美好梦想，只有通过诚实劳动才能实现；发展中的各种难题，只有通过诚实劳动才能破解；生命里的一切辉煌，只有通过诚实劳动才能铸就。"[①]不难看出，在这段论述中，习近平总书记把论述的重心放在每一个劳动者身上，可以说这是习近平总书记对新时代每一个人的勤勉之言。习近平总书记这种勤勉之言，除了饱含他对中国人民的真挚感情之外，更是其劳动价值观的生动体现，也就是说，在这些话语背后，蕴含着他对"劳动"所创造的价值对每一个现实物质生活中的人都具有极其重大的意义的深刻洞察。具体来说，习近平总书记在劳动价值观上的鲜明特色就在于以下两方面：一方面，在新时代中国，每一个鲜活的个体都有追求更好物质生活的权利，都有通过自身努力不断增长自身财富的权利，都有通过获得合法劳动不断提升社会地位的权利。这也为每一个奋力追求美好生活的个体指出了一条康庄大道，即踏实劳动、辛勤劳动，只有劳动，才能把美好的梦想从缥缈的理想之境中带回到无比坚实的现实之中，从而为个体进一步的全面发展打下坚实的物质基础。另一方面，强调了追求物质生活丰裕并非人生意义之全部，要做好劳动价值观的引导。个体，虽然就其本身而言是物质性的存在物，一时一刻也不能离开这社会现实，但是，人作为一种特异的类存在物，有其不同于人之外的其他动物的本质性规定存在，即人还有更高的价值意义层面的追求，而且在某种意义上可以说，这种价值意义层面的独特追求与成就，才是个人人生意义与价值的真正所在。同时，劳动也有着基础性的作用，没有劳动，一切精神层面的价值意义都无从谈起，没有劳动，没有不断创造性的劳动，个人的所谓全面发展也只能

①《习近平：在同全国劳动模范代表座谈时的讲话》（2013年4月28日），https://www.gov.cn/ldhd/2013-04/28/content_2393150.htm.

是子虚乌有的形而上学幻想而已。正如习近平总书记所说："劳动是一切成功的必经之路。"①

在社会层面，习近平总书记立足时代，创造性地发展了马克思主义有关劳动创造人类的重要观点。他进一步指出："人类是劳动创造的，社会是劳动创造的。"②相关理论和论点都使我们对于劳动有了更为深刻的理解。劳动创造价值的作用不能仅仅停留在对个体全面发展的单一维度来思考和挖掘，相反，必须具备更加开阔的理论视野。既要看到劳动对于个体全面发展的重要作用，又要看到劳动对于整个社会发展和前进的创造性的作用和推动力，这一点在习近平总书记的上述讲话中已多次提及。可以说，劳动对于社会整体的创造性作用，是劳动对于个体的全面发展所具有的那种创造性作用的逻辑延伸。马克思主义历史唯物主义给予了"社会"明确的定义，社会是由处于一定生产关系之中的个人相互交往而形成的，它不是抽象物，也不是由于人类个体所简单构成的产物，它是个人及其群体交互作用的复杂产物。习近平总书记通过逻辑和理论推演并以明确的语言将其清晰地表达出来，将劳动对于社会整体发展的作用在现实中明确下来。习近平总书记极其重视使崇尚劳动在全社会蔚成风气。

在国家层面，习近平总书记指出："劳动创造了中华民族，造就了中华民族的辉煌历史，也必将创造出中华民族的光明未来。"③在这里，习近平总书记以极其坚定的口气表达出对中华民族历史发展与未来前途的信念，催人奋进。习近平总书记指出，"中华民族伟大复兴，绝不是轻轻松松、敲锣打鼓就能实现的。"④实现民族复兴，这是几代中国人为之不懈奋斗的中国梦。这个梦想，从时间河流的序列来说，最早可以追溯到1840年鸦片战争失败后的清朝晚期，到现在已经180多年了。这足以说明中华民族的伟大复兴不是轻而易举就能获得的，而需要付出巨大的努力。民族复兴大任艰巨，需要我们勇敢面对，脚踏实地，真抓实干。

---

① 《习近平在乌鲁木齐接见劳动模范和先进工作者、先进人物代表 向全国广大劳动者致以"五一"节问候》，《人民日报》2014年5月1日第1版。

② 《习近平：在知识分子、劳动模范、青年代表座谈会上的讲话》（2016年4月30日），https://www.gov.cn/xinwen/2016-04/30/content_5069413.htm.

③ 《劳动谱写时代华章 奋斗创造美好未来》（2024年6月6日），https://baijiahao.baidu.com/s?id=1799078698957952070&wfr=spider&for=pc.

④ 习近平：《在纪念红军长征胜利80周年大会上的讲话》（2016年10月21日），《人民日报》2016年10月22日第2版。

二、认同"何人劳动"——树立正确的劳动主体观

"我国工人阶级和广大劳动群众是国家的主人。"[①]在劳动活动中，人是劳动的主体，在生产活动中通过运用劳动资料与劳动对象发生联系。从历史唯物主义视角出发，劳动对于历史进程的推进具有重要作用，而劳动的主体正是亿万人民群众，物质资料生产的主体是劳动人民群众，这些物质生活资料为社会生产提供了物质前提。正如列宁所说："资产者忘记了微不足道的人物，忘记了人民，忘记了千千万万的工人和农民，可这些工人和农民却用自己的劳动为资产阶级创造了全部财富。"[②]劳动人民的崇高性体现在全体劳动人民都是历史的见证者、参与者与创造者，在主体能动创造的过程中推进社会历史的发展变化与社会形态的更替。

步入新时代，以习近平同志为核心的党中央始终坚持"人民群众是历史创造者"的历史唯物主义观点，形成"以人民为中心"的劳动主体思想，提出中华民族的伟大复兴"必须紧紧依靠人民、始终为了人民"。一是强调普通劳动群众的作用，无论何种职业、职务高低，各行各业的劳动者都是社会主义的建设者和参与者，都应获得同等的尊重。二是在全社会宣扬劳模精神敬业精神和工匠精神。社会应弘扬以爱岗敬业、艰苦奋斗、勇于创新、甘于奉献为主要特征的劳模精神和工匠精神，强化劳模精神的思想引领，厚植工匠文化，培育更多"中国工匠"。"青年是中国特色社会主义事业接班人、是国家的未来和民族的希望"[③]，学校劳动教育应引导青少年树立正确的劳动主体观，认同普通劳动群众的作用，尊重社会主义的建设者和参与者，了解劳动群众的基本权益，弘扬劳模精神、敬业精神和工匠精神。其中，学校劳动教育应着重引导青少年弘扬、践行劳模精神和工匠精神。劳模作为时代楷模，劳模精神反映了特定时代的价值取向，代表着一个社会的人文精神和道德观念，展示了中华民族的崇高品格和精神风貌。在不同的社会历史条件下，每一个时代的劳模精神都有其特定的时代特点。但无论社会怎么发展变化，劳模精神的本质内涵是相通的，如

---

① 《习近平：在同全国劳动模范代表座谈时的讲话》（2013 年 4 月 28 日），https://www.gov.cn/ldhd/2013-04/28/content_2393150.htm.

② 列宁：《无产阶级在进行斗争，资产阶级在窃取政权》（1905 年 7 月 20 日），《列宁全集》第 Ⅱ 卷第 49 页。

③ 《习近平：在知识分子、劳动模范、青年代表座谈会上的讲话》（2016 年 4 月 30 日），https://www.gov.cn/xinwen/2016-04/30/content_5069413.htm.

强烈的主人翁意识、忘我的辛勤劳动、良好的职业道德等。步入新时代，习近平总书记阐释了劳动精神的时代内涵，即爱岗敬业、争创一流，艰苦奋斗、勇于创新，淡泊名利、甘于奉献，并强调劳模精神丰富了民族精神和时代精神，是宝贵的精神财富。

一代人有一代人的使命，新时代的青少年应积极弘扬和践行劳动精神。青少年既要学习劳模身上闪耀的信仰光彩，把人生理想与人民的利益紧密联系在一起，在艰苦奋斗和无私奉献中实现个体价值和社会价值，又要学习劳模实干苦干的劲头，坚守爱岗敬业的本分，树立艰苦奋斗的作风，担负勇于创新的使命，修炼淡泊名利的境界，养成甘于奉献的修为，向劳模看齐。学校劳动教育要引导学生弘扬和践行工匠精神。港珠澳大桥、塔克拉玛干沙漠公路、贵州"天眼"等世界级工程的建成，折射了中国日益增强的综合国力，也呈现了中华民族源远流长的工匠精神。中国的"工匠文化"历史悠久，"工匠精神"影响深远，其主要体现在工匠自身的职业素养上。对于一名工匠而言，既要有高超的技术水平，还要有良好的德行品质，才能做到德才兼备。进入新时代，赋予了工匠精神更为丰富的内涵，作为社会主义劳动精神的重要组成部分，其主要是强调职业精神，这是从业者的一种职业价值取向和行为规范，如敬业、精益、专注、创新等。不管是传统手工工匠，还是当代"机械工匠"和"数字工匠"，他们都是人类物质与精神文明的缔造者，也是工匠精神中最直接的体现。因此，高职院校的劳动教育应引导青少年传承工匠精神的精髓，塑造工匠精神的风骨，以工匠精神塑造自身的民族性格和精神风貌。

习近平总书记全面论述了新时代劳动主体观，强调劳动人民是社会历史发展的推动者，社会的发展、国家的发展必须紧紧依靠人民、始终为了人民，必须维护劳动人民的根本利益，引导全社会尊重劳动者，强调知识分子的工人阶级地位。围绕"培养什么人、怎样培养人、为谁培养人"这一根本问题，开启以劳动教育作为重点的新一轮教育改革。在此背景下，习近平总书记围绕"人才培养"的核心目的，深入思考劳动教育的意义，发表系列重要论述，阐述了新时代劳动教育的理论和实践问题。其在继承和创新马克思主义教劳结合思想的基础上，反复强调要"坚持教育同生产劳动和社会实践相结合"[①]。习近平总

---

① 《习近平：高举中国特色社会主义伟大旗帜为全面建设社会主义现代化国家而团结奋斗——在中国共产党第二十次全国代表大会上的报告》（2022 年 10 月 25 日），https://www.news.cn/politics/cpc20/2022-10/25/c_1129079429.htm

书记重视劳动教育的地位。首先，新时代劳动教育是全面发展的育人体系中重要一环。党的十八大以后，习近平总书记多次强调劳动教育的重要价值。2018年9月10日，在全国教育大会上，他明确提出"要努力构建德智体美劳全面培养的教育体系"。党的二十大报告中指出："育人的根本在于立德。全面贯彻党的教育方针，落实立德树人根本任务，培养德智体美劳全面发展的社会主义建设者和接班人。"劳动教育将扮演更加重要的角色，受社会生产力和生产关系的影响，不同社会、不同时代赋予学校劳动教育不同的意义和价值。新时代，在实现中华民族伟大复兴的征程中，人民群众是伟大实践的主体，造福劳动者是社会主义文化价值系统的根本要求。"幸福都是奋斗出来的"，这是习近平总书记向全体劳动者发出的奋斗召唤。大学生作为优秀的青年群体，是国家的未来和民族的希望。当代中国大学生要有所作为，就必须懂得投身于人民群众当中，投身于人民群众的伟大奋斗中，要崇尚劳动、尊重劳动、热爱劳动，懂得劳动最光荣、最崇高、最伟大、最美丽的道理，长大后能够辛勤劳动、诚实劳动、创造性劳动。

最后，新时代劳动教育的实施将进一步规范化。为全面贯彻落实新时代的教育方针，有效解决劳动教育在学校中被弱化、在家庭中被软化、在社会中被淡化的问题。2020年，中共中央、国务院颁发了《关于全面加强新时代大中小学劳动教育的意见》，从认识劳动教育新要求、构建劳动教育体系、开展劳动教育实践活动、提升劳动教育保障能力、加强劳动教育的组织实施等方面对大中小学劳动教育提出相关指导意见。紧随其后，教育部在《大中小学劳动教育指导纲要（试行）》中要求大中小学校"独立开设劳动教育必修课"，"在学科专业中有机渗透劳动教育"，"在课外校外活动中安排劳动实践"，并积极"组织开展劳动教育课程资源研发"。这些关于新时代劳动教育的顶层设计和总体部署反映了劳动教育课程肩负的特殊使命，也有效指导了学校劳动教育的具体实践。

三、践行"如何劳动"——树立正确的劳动过程观

劳动过程必须具备三个简单的要素，即劳动本身、劳动对象和劳动资料。劳动过程就是这三个要素结合的过程。其结果是改造了劳动对象，使之成为满足人们某种需求的产品；同时，人本身也在劳动过程中得到了提升和发展。劳

动本身是劳动过程中起决定性作用的要素。它是人类的一种有目的的活动，同动物的本能活动有着根本区别。在劳动开始时，人们已经在头脑中对劳动行为所要取得的效果有了明确的概念。马克思曾说："蜜蜂建筑蜂房的本领使人间的许多建筑师感到惭愧。但是，最蹩脚的建筑师从一开始就比最灵巧的蜜蜂高明的地方，是他在用蜂蜡建筑蜂房以前，已经在自己的头脑中把它建成了。"①在劳动过程中，人们通过劳动资料作用于劳动对象，一方面，消耗了一些原有的产品，另一方面，生产出一些新的产品。这些新产品，一部分进入个人消费领域，另一部分会重新进入劳动过程作为劳动对象或劳动资料。因此，产品不仅是劳动过程的结果，同时又是劳动过程的条件。

学校劳动教育重在一是引导学生身体力行，在劳动的过程中实现教育的价值和达到教育的目标。劳动固然重要，但更重要的是学生以什么样的态度和方式去劳动。学校劳动教育应通过多种形式引导青少年树立正确的劳动过程观，使其在认知上了解幸福劳动的理想状态，在理念上形成"尊重劳动、崇尚劳动、热爱劳动"的劳动态度，在行动上践行"辛勤劳动、诚实劳动、创造性劳动"的劳动精神。二是引导学生辛勤劳动。中国特色社会主义迈进新时代，社会的主要矛盾已经由人民日益增长的物质文化需要同落后的社会生产之间的矛盾转变为人民日益增长的美好生活需要和不平衡不充分的发展之间的矛盾。而无论是物质文化需要还是美好生活需要，都需要以辛勤劳动来获取。

通过"我为人人，人人为我"的新时代道德观审视个体自身的劳动行为和劳动目的，新时代劳动奉献精神内化于劳动的目标导向、物化于劳动的成果产品、外化于劳动的总体过程。习近平总书记指出"实现中国梦必须凝聚中国力量"②，"前景美好，任重道远，需要全体中国人民继续付出辛勤劳动，做出艰苦卓绝的努力，做出无私的奉献"③，"劳动奉献最光荣"是高尚的道德情操的表征。劳动奉献的光荣凸显为个人在主观意识引导下的行为与客观成果与社会的发展相联系，不同程度上为社会发展贡献力量。崇尚劳动奉献，在劳动过程上，劳动过程的完成不以自身劳动任务的结束为终结，崇尚"劳动奉献最光

---

① 《马克思恩格斯全集》第 23 卷，人民出版社，1972，第 202 页。
② 《在第十二届全国人民代表大会第一次会议上的讲话》（2013 年 3 月 17 日），《人民日报》2013 年 3 月 18 日。
③ 《习近平：功崇惟志，业广惟勤　实现中国梦任重道远》（2013 年 3 月 17 日），http://lianghui. people.com.cn/2013npc/n/2013/0317/c357320-20816050.html。

荣"的积极心理体验会激发劳动者以更大热情投入劳动过程中，积极主动为社会创造更高的劳动价值。

大学生要在劳动教育中主动学会调试劳动心理，增强面对困难挫折的韧劲。苏霍姆林斯基认为："我们力求使孩子在自己的劳动中能体验到、感觉到自己的荣誉、自尊，能为自己的成果而自豪。"[1]劳动过程中的情绪体验会直接影响到劳动的效率和成果，因此学生在劳动过程中要用积极的心态和充沛的信心来面对劳动过程中的困难和挑战，劳动积极性和信心的树立可加强劳动价值观在大学生思想中的坚固地位，并为后续的劳动提供心理支撑。

同时，在劳动教育过程中，要积极培养大学生艰苦奋斗的劳动意志，形成吃苦耐劳的劳动精神。艰苦奋斗是中国的优良传统，也是党的一贯作风，更是劳动意志的必备要素。让学生在劳动教育中明白在实现中国梦的道路上，必然要承担艰巨的劳动任务，必然会遇到各种各样的劳动困难，需要不断磨练劳动意志，永不放弃，迎难而上。艰苦奋斗重在实践，只有将劳动意识转换为自觉的行动，才能发挥意识的能动作用，在认识世界的基础上达成自己的目标，最终改造世界。劳动实践的过程不会一帆风顺，在劳动中遇到困难与挫折时，大学生要做好心理建设，以坚定的决心和顽强的毅力克服艰难险阻。

四、感悟"何以劳动"——树立正确的劳动权益观

马克思劳动关系理论是马克思主义理论的重要组成部分，劳动关系的核心就是劳动与资本之间的关系。在机器大生产背景下，马克思在分析自由市场经济的基础上，研究了私有制中资本家与工人之间的关系，构建了独特的劳动关系理论。马克思认为，资本主义社会劳资关系以雇佣劳动的形式出现，雇佣劳动者是价值的创造者，却在异化劳动中无法获得劳动权利。这一矛盾关系意味着资本主义劳资关系的实质是统治与被统治、剥削与被剥削的关系。雇主财富的积累和雇佣劳动者贫困的积累会引发频繁的劳资冲突和劳工运动。出于劳资合作的需要，资产阶级不断修改劳动法，不断协调劳动关系，劳动关系经历破坏、修复、重建的历史周期。私有制基础上的劳资关系矛盾将始终贯穿资本主义的发展。解决资本主义劳资冲突的根本途径是消灭雇佣劳动、消灭私有制。

1956年，三大改造完成后，中国消灭了资本主义私有制，消灭了剥削制

---

[1] 苏霍姆林斯基：《帕夫雷什中学》，教育科学出版社，1983，第 357 页。

度。故当代中国的劳动关系与资本主义剥削与被剥削的劳动关系存在根本的差异。改革开放后，中国发展社会主义市场经济，实行按劳分配为主体、多种分配方式并存的分配制，集体经济、个体经济、私营经济、外资经济、混合所有制经济等所有制结构形式并存。在此背景下，劳动者与生产资料存在多种结合样式，如个体劳动、雇佣劳动和局部范围内的联合劳动等。为了推动中国劳动关系的健康发展，构建合理的中国劳动关系制度，我们应积极挖掘劳动和资本平等合作、互利共赢、和谐发展的可能性，充分体现社会主义制度的优越性。2006年，党的十六届六中全会提出"发展和谐劳动关系"的重大论断，这是马克思劳动关系理论中国化的拓展。步入新时代，以习近平同志为核心的党中央多次强调构建中国特色社会主义和谐劳动关系，以有效预防和化解劳动关系矛盾。其强调发挥党政、群团、企业、社会等各方力量，完善政府、工会、企业共同参与的协商协调机制，构建和谐劳动关系。马克思劳动关系理论在新时代得到进一步的科学发展。"劳动关系是生产关系的重要组成部分，是最基本、最重要的社会关系之一。"①青少年是未来参与生产劳动的主力军，是劳动关系的主要参与者。学校劳动教育的重要目标之一就是引导学生感悟在社会主义条件下"何以劳动"，树立正确的劳动权益观。学校劳动教育既要引导学生把握马克思劳动关系理论的精髓，认识中国特色社会主义和谐劳动关系的要义，更要引导学生学习劳动法、劳动合同法以及其他劳动法律法规，为积极承担劳动责任做好准备。

根据学生身心发展特点和教育教学规律，大学生的劳动教育应与创新创业、择业就业紧密相连。因此，高职院校的劳动教育更要注重结合大学生的学科特色和专业需求开设实习实训、社会实践、勤工助学等劳动教育活动，形成稳定的制度模式，在系统培育学生劳动价值观方面发挥主导作用。同时，社会要充分利用其在资源方面的优势，为大学生的劳动教育提供资源与平台支持。鉴于社会上多数企业以利润为导向，为保障大学生在劳动教育中的劳动权益，需要各级政府部门出台相关政策，并主动同相关企业、社会组织进行协调，协调和引导企业、社会组织履行社会责任。在不同种类的劳动价值观教育中，尤其要注重保障大学生在生产劳动中的合法权益，对侵害大学生劳动权益的行为绝不姑息。

①《中共中央国务院关于构建和谐劳动关系的意见》（2015年3月21日），《人民日报》2015年4月9日第1版。

第五节　人工智能时代劳动教育解读

人工智能时代是一个高科技的时代，也是一个智能化的时代，更是一个崭新的时代。党的十九大报告明确提出，到2035年基本实现社会主义现代化。到那时，中国将跻身创新型国家前列。这一说法顺应了时代的发展潮流，也预见了人工智能时代的趋势不可逆转。

一、人工智能时代加强劳动教育的境遇

人工智能的智力是从大数据、深度学习和强算力三处而来的。只要有电和网络，人工智能就能发挥作用。人工智能有着旺盛的精力、超强的记忆力、灵活的感知力、精准的判断力和惊人的进化能力，在各个领域都能发挥其强大的功能，从事越来越多的脑力劳动和体力劳动。人工智能作为一项新兴的高科技技术，既带来新的机遇，也带来新的挑战，对人类的发展产生了双重影响。

（一）人工智能为劳动教育带来的机遇

1. 人的生活方式便利

人工智能技术不断发展，人们的生活也发生了日新月异的变化。人工智能在部分领域代替人类进行各种劳动，这些替代行为正在逐步改变着人们的生活方式，给人类的生产生活带来极大的便利。智能机器人不仅能建造房屋、分拣快递和搬运物品，而且能做会议记录、家庭清洁，运用范围广泛，既提高了社会劳动生产率，又解放了人类的劳动力，为社会经济的高质量发展创造了更好的条件。

2. 创造新的劳动需求

人工智能行业的发展形成了不同层次的人工智能产业链。人工智能在扩张生产规模的同时扩大了劳动范围，在代替人类部分劳动的同时创造了新的劳动需求。机器从研发到生产，从推广到培训，从使用到再创新，都离不开人类操作。研发人员、生产人员、推广员、培训师、操作员等，都是人工智能创造的新的劳动岗位。所以说，人工智能的发展创造了新的劳动需求，给社会发展带

来新的机遇。

3. 促进劳动教育创新发展

既然社会的劳动需求产生了巨大变化，对传统劳动教育产生了冲击，对现代劳动教育提出了新的要求，那么劳动教育也要适应劳动需求的变化而做出改变。劳动教育过程要注重整体性，劳动教育目标要符合实际情况，劳动教育内容要与时俱进，劳动教育方式要不断创新。总的来说，劳动教育要根据实际情况的变化而变化，劳动教育的创新有着广阔的进步和发展空间。

（二）人工智能给劳动教育带来的挑战

1. 滋生错误的劳动观念

在部分领域，人工智能已经展现出了超强的劳动能力，有些表现甚至比人类表现更为出色。这在促进生产力发展的同时，也容易使人滋生错误的劳动观念，如机器可以代替劳动、劳动不再重要、劳动已经过时等。这些错误的观念既影响个人正确劳动观的树立，又影响社会良好劳动风气的形成，对个人和社会的进步都产生负面影响，不利于个人和社会的健康发展。

2. 缺乏创造力和综合能力

想象力和创造性，是人脑跟机器脑最大的差别。虽然人工智能在部分领域能够发挥强大的功能，但它归根到底是机器，只是复制功能强大，解放了人类的重复性劳动，并不具备人类的想象力和创造力，无法创新思考问题，缺乏创新解决问题的能力。人工智能的发展正处于初级阶段，弱人工智能还未实现从专用向通用方向转化，人工智能的综合能力有待发掘。

3. 缺失情感沟通和交流

人是理性动物，也是情感动物。虽然人工智能在某些方面有着强大力量，但缺乏感情是它最大的缺陷。它只能进行简单的沟通，而无法理解相对复杂的情感事物，不懂人的喜怒哀乐。人工智能在人的情感方面的缺陷，影响了劳动教育的质量和效果。

二、劳动的升级表现及人工智能时代劳动的价值

马克思认为，"只要承认某种产品的效用，劳动就是它的价值的源泉。"[①] 劳

---

① 《马克思恩格斯文集》第Ⅰ卷，人民出版社，2009，第269页。

动具有创造价值的特性，既创造了物质财富，又创造了精神财富。随着时代的发展，人类劳动出现了分化，社会分工不断精细化、复杂化，脑力劳动比重不断上升，创造性劳动比例不断加重，科技含量高的劳动显得日益重要。虽然劳动形式发生了变化，但是劳动创造价值这一事实不会改变。

（一）人工智能是劳动的升级，也是劳动

时代在发展，科技在进步，中国企业也正逐步从劳动密集型企业向智能化企业过渡。在中国产业结构转型升级的过程中，一些领域出现了人工智能机器代替劳动的现象，人工智能能够做出与人类相似的行为，如智能手机、无人机拍摄、机器人教学、语言翻译、人脸识别、汽车自动驾驶等。智能机器人能够听见这个世界的声音，看见这个世界的动态，在农业、工业、服务业甚至其他行业都表现得非常出色，这是劳动进步和升级的表现。智能机器人的出现和应用，使劳动效率得以提高，更多的价值被创造，劳动因此显得更加重要。

（二）人工智能时代劳动的价值

人工智能毕竟是机器，它只是对人的思维过程的模拟，并不具有人的主观意识，当然也不能完全代替人类的所有劳动。人工智能是劳动升级的产物，虽然十分强大，但是仍然存在不少缺点：人工智能代替的是简单重复性的常规劳动，而代替创造性的非常规劳动却无能为力；人工智能只能解决专门性的问题，而面对综合性的问题就束手无策了；人工智能没有感情可言，只能达到简单的沟通水平，若是进行复杂的对话交流就存在很大困难。所以，在人工智能时代，人类劳动不可或缺，依然具有存在的必要性。

1. 没有劳动就没有人类生活

劳动将人与动物区别开来，动物的活动仅仅只是为了适应生存环境而被动产生的，而人的活动是有意识、有目的的主动行为。马克思和恩格斯指出："全部人类历史的第一个前提无疑是有生命的个人存在。"[①]现实生活中的人都是有生命的人，劳动是人的生命活动，是人的基本存在方式。在生活中，为了满足吃穿住行的需要，人必须生产满足这些需要的资料，即生产物质生活资

---

① 《马克思恩格斯选集》第一卷，人民出版社，1995，第67页。

料；人为了满足自身的实际需要，单纯依靠个人力量是行不通的，必须结成一定的社会关系而进行劳动，换句话理解，即人们在生产劳动过程中形成了社会关系，在生产物质生活资料的过程中生产出社会关系；人在创造物质财富的同时，自身也得到不断的进步，思想意识不断升华，个人追求不断提高，各方面能力不断增强，即在生产劳动的过程中生产了人自身。总之，人的劳动不仅生产物质生活资料，而且生产社会关系，还生产人自身。

2. 劳动是实现人自由全面发展的基础

随着私有制和社会分工的发展，异化劳动出现。在资本主义社会中，社会财富分配不合理，劳动者为了生存而出卖劳动给资本家，异化劳动十分普遍。劳动成为资本家获取剩余价值的手段，资本和劳动发生对立，社会种种问题频频出现，伦理道德、公平正义、价值追求受到强烈冲击，人们的世界观、人生观和价值观逐渐扭曲。人在劳动中能够创造出扬弃异化的现实力量，这种力量将解决社会出现的种种问题，最终实现共产主义社会。未来人类社会要实现共产主义社会，必须让劳动摆脱资本的奴役，解放劳动，让劳动从异化劳动真正转变为自由的活动，人们在劳动中更多地享受快乐和进步，在劳动中提升能力、实现自我，最终实现人自由全面的发展。人是通过劳动而实现人自身生产的生命体，劳动在人类的实践活动中居首要地位。因此，人要实现自由全面发展，必须解决好资本和劳动的对立问题，解决劳动发展的问题。

3. 劳动推动生产力发展和社会进步

劳动是人类历史的现实基础，是人类历史的发源地。人类通过劳动创造了现实世界和人类历史，推动了生产力的发展和社会的进步。当下，科学技术快速发展，人工智能不断进步，智能机器人代替了人类部分脑力劳动，人们的劳动逐步从机械化向智能化转变。工业机器人的应用大大提高了产业的劳动生产率，生产产量取得了显著提升；健康服务机器人用于养老院，给予老人陪伴娱乐、健康监测和紧急报警等服务；智能产品广泛存在于社会生活之中，方便了人们的生活。人工智能是时代的产物，凝聚着人类的劳动，是劳动进步和升级的表现。人工智能时代，虽然劳动形式发生了变化，但是劳动依然具有创造价值的强大功能。劳动不可能完全被替代，它只会更高端化。人工智能不仅是高端科技的代表，它还强调人文情怀，代表着积极向上的力量，凝聚了人类在科学技术中的伟大智慧和贡献。

三、人工智能时代劳动教育的创新路径

学校要引导学生重新认识劳动，明确劳动无论在任何时候都具有重大意义，帮助学生树立正确的劳动观。

（一）从边缘到主流：人工智能教育进课堂

人工智能正在以迅雷不及掩耳之势进入我们的生活之中。在人工智能时代，那些停留在网络时代的人会被利用最新技术的同类远远甩在身后。我们只有学习人工智能知识，向人工智能专业领域发力，才能更好地运用人工智能，更好地应对人工智能带来的深刻变革。2019年高考结束后，"人工智能"成为最火的新专业之一，许多高职院校纷纷设立相关专业，并开始招生。将人工智能教育（AI教育）引进课堂，为实现知识转型创造条件。学校可以根据产业需求开设相关课程，聘请人工智能领域的专家和学者给学生上课，开阔学生视野。不同类别的学校可逐步设立人工智能项目，扩充人工智能和数据学科课程，让学生通过基础科目的学习掌握人工智能知识。

（二）人工智能技术助力劳动教育

人工智能的迅猛发展，给社会带来了巨大的冲击。在当前环境下，我们无须恐慌，也不要惧怕人会被人工智能所取代或者统治。相反，我们应珍惜人工智能带来的便捷，充分利用人工智能技术助力劳动教育。机器不可以取代人的思考，但是机器可以帮助我们思考得更好。我们要思考在人工智能背景下教师如何更好地教学，学生如何更好地学习。现阶段教师在教学方面对数据处理较少，教学主要是凭个人经验，存在一定的局限性。教师可以利用人工智能技术处理大量数据，用事实数据弥补教学经验存在的不足。通过数据指导教学，因材施教，依托信息化技术，形成课堂互动，改变教学生态，提高教学效率。教师还可以利用人工智能进行作业测评，及时掌握学生的学习状况。学生可以利用人工智能技术进行个性化的学习以及根据个人的学习情况分配学习时间，破解大班教学的个体关注缺失问题。

（三）掌握人工智能劳动技术与能力

面对人工智能给社会带来的深刻变革，我们必须做好充分的准备，以适应未来社会的巨大变化。细心研究，我们能发现人工智能虽然强大，但是仍存在许多弱点：人工智能代替的是重复性的工作，缺少创造力和创新能力；人工智能由于是机器，没有情感，所以只能进行简单的对话，无法进行复杂、深层次的交流；现在人工智能属于弱人工智能，只能解决单一的问题，面对复杂的情况就无法发挥其应有的作用。针对人工智能作为劳动力存在的不足，未来劳动者劳动能力的培养应有所侧重。因此，掌握人工智能不具备的劳动技术，培养人工智能缺乏的劳动能力，就显得尤其重要。在日常的学习生活中，教给孩子控制科技的能力，而不是被科技所控制，培养孩子的劳动能力，包括创新能力、沟通能力和学习能力，让孩子具备未来劳动者应有的劳动技术和劳动能力，以应对人工智能带来的机遇和挑战。

（四）参与人工智能的社会实践

政府、企业、学校等多方主体开展"人工智能＋教育"的产学研合作，方便学生把在校学到的知识和技术对接社会发展需求，应用于社会实践中。产学研是生产、学习和科研三者紧密结合，充分利用三方的优势资源，共同合作，实现资源共享、优势互补，促进各方面共同进步。产学研合作，会带来大量"人工智能＋教育"基本设施的发展和变革，既促进企业的创新发展，又给学生的社会实践创造良好的环境。学生参与人工智能的社会实践，能够将课堂上学习的劳动知识和劳动能力应用于实践，通过劳动实践感悟和体验人工智能技术，发现自身存在的不足和问题，及时纠正和解决，在实践中锻炼劳动能力，提升劳动技能，增强创新意识。

第二章
高职学生劳动教育课程的开发

第一节　高职学生劳动教育课程开发理念

一、开发理念

随着"三全育人""五育并举"育人体系的深入落实，高职学生劳动教育课程内容将会越来越丰富。为了提高教育教学实效性，高职院校劳动教育课程内容也要与时俱进，既要继承中华优秀传统文化中的"耕读文化""工匠精神"等文化精髓，又要立足新时代，把握时代发展脉搏，不断实现创新性转化。新时代高职院校劳动教育课程内容的开发既要与自然融通、与生活对话，又要与社会联结、与职业相嵌，既要与传统接轨，又要与未来同向。

（一）与自然融通、与生活对话

人与自然界是内在统一的。人本身是自然界的产物，是在自身所处的环境并且与这个环境一起发展起来的，人通过劳动这个中介与自然界进行物质交换，进而满足自身的生存需要。劳动的过程本质上是人与自然的物质交换过程。因此，人的发展变化源自他的自然本性，故人在走出自然、学会生活的同时又要回归自然。劳动教育在根本上是以促进人性完善为中心的教育，其内容的开发既要与自然融通，又要与生活对话。两者有机统一，共同作用于学生的成长。

开发与自然相融通的劳动教育课程内容。古希腊哲学家亚里士多德强调"教育要适应人的自然发展"[①]，这个"自然"是外在的自然环境，更是人内在的自然本性。高职院校劳动教育是以完善人性为基础的实践活动，其内容应关注学生内在的自然规定，与自然融通。一方面，高职院校劳动教育课程开发应依据个体发展的内在秩序。亚里士多德提出，人本身经历着身体的发展—非理性部分的发展—理智的发展过程，这是人的灵魂从低级、中级到高级的过程，最后呈现人之为人的特性。教育应遵循儿童的自然进程，首先是身体训练，其次是品格教育，最后是理智教育。在开发高职院校劳动教育课程时，也应遵循学生成长的这种内在秩序。在不同的年龄阶段，学生的认知规律和接受特点是不一样的，高职院校劳动教育课程内容的选择应综合考虑学生的年龄特征、认知规律和接受特点。苏联杰出教育家克鲁普斯卡娅曾依据学生的年龄特点提出一年级到十年级的劳动教育内容设想：一、二年级的学生主要进行游戏和自我服务，三、四年级的学生要适当参与生产劳动，五至七年级的学生应进入实习工厂劳动，八至十年级的学生与成人一起参加工厂（或农场）劳动。高职院校应依据个体发展的内在秩序开发劳动教育课程内容，使其各有侧重又相互衔接。一般而言，大学劳动教育重在陶冶劳动情操，铸就自强意志，强调引导学生参与实习实训、社会实践、勤工助学等活动。另一方面，高职院校劳动教育内容应有效挖掘自然资源。在应试教育盛行的环境中，学生常常被禁锢在高职院校的"铜墙铁壁"中，埋头于写不完的作业里。大自然是最伟大的劳动，回归自然，是释放儿童天性的重要手段。随着社会生产力的发展，现代人已然不可能过与自然融为一体的原始社会生活。劳动教育的实践特性给予学生了解自然、参与自然、回归自然的可能性。高职院校劳动教育应走出校园，充分利用大自然这个室外空间，在山水林木间挖掘自然环境中的教育资源，引导学生在大自然中体验人如何"超越动物性的束缚"，如何改造自然实现生存与发展，又应如何保护自然，做到与自然共生。

开发与生活对话的高职院校劳动教育内容。生活即教育，"没有生活做中心的教育是死教育"。引导学生在现实生活中接受劳动的教化，通过劳动体验深刻领悟生活的喜怒哀乐，进而理解自我和世界，确证个体存在的意义，这是高职院校劳动教育课程设置的重要目标。当前，高职院校教育内容日益"知识

---

① 亚里士多德：《政治学》，中国人民大学出版社，2003，第 287 页。

化"，学生被动沉浸于书本的世界，离生活越来越远。"十指不沾阳春水"被异化为现代孩子的群体写照。劳动创造了人和世界，创造了生活，生活是劳动教育发生的起点。劳动教育的这一特性要求其内容必须"贴近生活"。引导学生从书本的抽象经验走向现实生活的具体经验，从冷冰冰的知识世界走向生动鲜活的现实世界，才能使他们以劳动创造美好生活。一方面，在高职院校劳动教育课程开发过程中，积极挖掘学生自身的生活经验。生活是教育的本源，劳动教育内容要关切学生的实际生活，融入学生衣食住行等日常生活经验。高职院校设置相应的劳动任务，鼓励学生主动参与高职院校服务和部分管理工作，给学生提供开展劳动的机会，让学生有意识地主动地参与劳动、理解劳动、投身劳动和热爱劳动，培养良好的劳动习惯。另一方面，劳动教育内容应覆盖家庭生活、高职院校生活和社会生活。家庭、高职院校、社会是学生生活的主要领域，是劳动教育内容所要覆盖的场域。在"学而优则仕"的传统教育观念影响下，不少家长将劳动与学习对立起来，将劳动教育与孩子成长成才割裂开来，认为学习就是一切，学习可代替一切。高职院校拥有良好的劳动教育资源和环境，如相关场地、装备、工具、器材等。高职院校应设置企业参观、职业体验、车间体验等活动，或与社区合作，开设各种社区服务岗位，引导学生走出课堂，走向社会，走进社区，既有利于学生提高自身的劳动能力，增长见识，又使其在真实的生活情境中体会到为他人、为社会服务的成就感。

（二）与社会联结、与职业相嵌

人的劳动从来就是社会的劳动，因而人始终是"社会的产物"。在现阶段，人主要以职业人身份参与社会生活。因此，高职院校劳动教育内容要与社会联结，与职业相嵌，从而引导学生科学地进行自我评估，把握职业倾向，树立职业理想，实现自我价值和社会价值相统一。

开发与社会联结的劳动教育课程内容。在分工发达的现代社会，"社会关系实际上决定着一个人能够发展到什么程度"[①]。从这个角度而言，人的全面发展取决于社会关系的全面发展。个人在与他人的普遍交往中，构筑自身作为社会存在的物质生活和精神生活，实现自身的生产与再生产。因此，编制高职院校劳动教育内容应与社会紧密结合起来，体现信息社会人的发展特点，反映知

———————————
① 《马克思恩格斯全集》第 3 卷，人民出版社，1960，第 295 页。

识经济时代对个体素质提出的新要求，从而彰显高职院校劳动教育的时代价值。其一，高职院校劳动教育内容应关切学生社会关系的建构。对于身处信息化、全球化、网络化的青少年群体而言，其社会化过程表现出时代的特殊性。他们在反哺文化环境里突破"长－幼"文化传递模式，在网络信息空间中实现虚拟社会化成长。纵观现实生活，"狂欢是一群人的孤独，孤独是一个人的狂欢"是部分青年社会交往的写照。网络社会改变了传统的社会交往方式，其"形式很热闹，能让人狂欢"，但"又是如此孤独"，这种狂欢与孤独折射出青年社会交往能力与成果的弱化。高职院校劳动教育应引导学生进入真实的劳动世界，为其提供社会交往的平台，使其在劳动中学会沟通协作，创建良好的社会关系。这对于虚拟社会化成长中的新时代学生群体具有极其重要的意义。其二，高职院校劳动教育内容紧密结合社会发展问题。在网络化、信息化、全球化的背景下，由于日益便捷的新媒体的影响，学生对社会发展中出现的各种问题越来越敏感。高职院校劳动教育内容的编制可重点整合当前突出的社会问题，如劳动关系与权益问题、劳动技术伦理问题、人工智能问题等，并引导学生辩证看待这些问题，以增强其社会参与意识，培养其社会参与能力。其三，高职院校劳动教育内容编制要充分挖掘社会资源。高职院校劳动教育要走出校园，走向田间地头，走进工厂车间。其中，最为重要的就是建设社会劳动教育基地。在农村地区，可有序开发田地、山林、草场等作为学农实践基地。高职院校应定期开展"学农"活动，使学生在农业体验中强化自身的劳动意识。而在城镇地区，要积极与社区、工厂、企业等单位合作，为学生参加工业体验、商业和服务业实践等提供保障。城市的相关行业和农村的广阔天地蕴藏着丰富的教育资源，它们都可以被开发和利用。

开发与职业相嵌的劳动教育课程内容。劳动教育是"教育与生产劳动相结合"思想或原则的具体化实践，是为了培养符合时代发展需求的劳动者，以劳动素养教育为基本内容，主要在劳动实践中进行的教育。随着劳动形态的发展变化，今天我们所讲的劳动教育不应也不能仅仅是"高职院校教育"与"生产劳动"这种特定历史形态的结合。随着社会生产力的提高，新型劳动形式不断涌现，生产劳动的内涵不断丰富。科技劳动、管理劳动、数字劳动、服务劳动都应成为高职院校劳动教育的内容。因此，在日新月异的人工智能时代，社会对劳动者的需求具有显著的时代特征，"要求劳动者不仅具备专业技术能力，同时具备复合素质"[1]，如创新精神和创新能力。在此背景下，过往以学习基本生产知识和技能为主的劳动教育面临挑战和革新。为了培养符合时代发展的知识型、技能型和创新型劳动人才，高职院校劳动教育内容应依据劳动形态的演进而与时俱进。一是编制科学意识教育内容，引导学生在创造性劳动中提高自身的职业追求。适应社会大生产的、与工业劳动技能相关的科学劳动教育要求在物理、化学、生物等学科教学中加大动手操作技能、职业技能等的培养力度，通过科学技术活动和实践培养学生的基础性科学素养与科学意识。二是编制科学知识教育内容，引导学生在创造性劳动中增强自身的职业能力。高职院校为学生提供现代信息技术、人工智能等方面的科学技术知识，促使学生尊重科学、理解科学、投入科学研究，用科学的方式解决遇到的问题，掌握开展生产活动的科学方法和科学思维能力。三是编制科学精神教育内容，引导学生在创造性劳动中追求职业幸福感。高职院校应提供与产业升级和生产活动能力提高相关的创新劳动知识及其应用机会，支持学生把科学融入学习和生活中，体会、探究科学知识和科学方法所蕴含的核心理念与基本价值；在各类相关教材和活动中体现科学家追求真理的精神和献身科学的事业心，促使学生培养科学精神，坚定为建设科技强国而学习的信念。此外，高职院校劳动教育内容的编制还应结合职业道德教育，学习劳模精神和工匠精神，引导学生感悟劳动者基本的道德品质，做好职前准备。

（三）与传统接轨、与未来同向

"民生在勤，勤则不匮"，一部中华文明史就是一部劳动发展史。在漫长的历史长河中，中华民族创造了灿烂的劳动文化。在多元文化背景下，高职院校劳动教育内容应与传统接轨，坚守文化的本土性。但伴随社会生产力的发展，劳动形态不断迭代和更替，劳动者、劳动工具、劳动对象等都伴随社会的发展而发生了根本变化。其要求高职院校劳动教育要立足时代发展需求，适应未来社会的发展走向。因此，高职院校劳动教育内容的编制既要与传统接轨，又要与未来同向。

开发与传统接轨的劳动教育课程内容。中国劳动文化博大精深，源远流长。精卫填海、夸父逐日、愚公移山、大禹治水等神话传说诉说着中国人民的

---

[1] 曾天山、顾建军主编《劳动教育论》，2020，第47页。

勤劳勇敢与智慧，"劳力与劳心"折射了中国古代的社会分工体系，而耕读传家、工匠文化等思想至今闪耀着智慧的光芒。高职院校劳动教育内容的编制应积极挖掘传统劳动教育资源，使学生在中华民族优秀劳动文化的渲染中养成良好的劳动品质。其一，高职院校劳动教育内容应融入"劳力与劳心的价值之辩"，使学生在"辩"中明理，在"辩"中实现全面发展。在封建价值谱系上，"劳力"与"劳心"的分离与对立不仅仅是社会分工的不同，而且代表着高下之分、贵贱之别。"劳心者治人，劳力者治于人"成为影响中国社会走向的重要理念。"朝为田舍郎，暮登天子堂"，摆脱"劳力"，追求"劳心"成为全社会的普遍价值取向。而劳动观念的偏差容易塑造无数鲁迅笔下"四体不勤，五谷不分，肩不能担，手不能提"的孔乙己。因此，高职院校劳动教育内容要融入"劳力与劳心的价值之辩"，引导学生在"辩"中明白"劳心者治人，劳力者治于人"的腐朽思维，认识到做到手脑并用，才能成为全面发展的人，才能改造社会。其二，高职院校劳动教育内容应融入传统的"耕读文化"。在传统农耕文明下，独特的耕读文化影响着代代华夏儿女的精神品质。"教子孙两行正路，惟读惟耕"，在中国历史发展过程中，耕读文化逐渐演变成一种家风传承，发挥着积极的社会影响和教化作用。古人认为"耕读"是安身立命和治家的根本之道。耕读传家中的"耕"不仅仅是传统意义上的农业生产劳动，还有更为深远的实践意义，其可以事稼穑，丰五谷，养家糊口，以立性命；"读"也不仅仅是传统四书五经的学习，而是为知诗书，达礼义，修身养性，以立高德。"耕读传家"所蕴含的"修身齐家治国平天下"的家国情怀，"孝悌为本、开拓进取、自强不息"的民族精神，以及理论与实践结合的为世之道是中华民族的宝贵精神财富。总之，"耕读传家"理念中蕴涵着很多推动劳动教育发展的人文底蕴，我们应在华夏源远流长的耕读文化传统中挖掘值得全面弘扬的现代精神文明因子，化耕为劳，化读为育，全面落实好劳动教育。其三，高职院校劳动教育内容应融入传统的工匠精神。在古代，工匠精神主要体现在工匠自身的职业素养上，其要遵守"由圣人而是崇"和"体圣明之所作"，其体现了"依于法而游于艺"，即工匠在劳作中要做到"重道、求道与体道"，学习先人的匠艺哲学宗旨。同时，也要遵循"按乃度程""毋作淫巧"的生产技术准则和要求。而且，对于一名工匠而言，不仅要有高超的技艺，还要拥有崇高的德行，方能做到德才兼备。高职院校劳动教育内容应有效融合传统工匠精神，引导学生继承发展工匠文化与工匠精神的精髓。

开发与未来同向的劳动教育课程内容。随着社会生产力的发展，劳动形态将不断迭代和更替，劳动者、劳动工具、劳动对象等也会伴随社会的发展而发生了根本变化。高职院校劳动教育既要指向学生未来的发展，又要指向未来劳动形态的发展。一方面，高职院校劳动教育内容要指向学生未来的发展。高职院校劳动教育的个体功能指劳动教育对个体产生的客观影响。劳动是人类以及人类社会生存和发展的基础，因为劳动不仅生产出物质生活资料，同时也生产出社会关系与人自身。在劳动中，个体既要处理人与自然、人与社会之间的关系，又要处理好人与自身发展之间的关系。在此过程中，人实现劳动能力、社会关系、自由个性的全面发展。高职院校劳动教育以"劳"育人，指向学生的全面发展，引导学生在处理人与自然的关系中实现劳动能力的全面发展，在处理人与社会的关系中实现社会关系的全面发展，在处理人与自身发展的关系中实现自由个性的全面发展。另一方面，高职院校劳动教育内容指向未来劳动形态的发展。未来，劳动与科学技术的联系将日益紧密，体力劳动与脑力劳动将走向深度融合，出现了数字劳动、智能劳动、公益劳动、服务产业劳动等新形态。而且，在人类劳动形态演进趋势中，中国逐步从"谋生劳动"过渡到"体面劳动"，新时代劳动将"超越了纯粹谋生的范畴……与自我实现、人生价值、主体选择性与快乐生活等紧密联系起来"[1]。劳动形态的变化将影响劳动教育的发展，高职院校劳动教育内容应与未来同向，针对劳动新形态，"适应科技发展和产业变革，注重新兴技术支撑和社会服务新变化"[2]。

二、总体目标

随着新时代的到来，劳动课程的内容也发生了新的变化，并且提出了新的要求。为了使高职院校立德树人任务的顺利完成，厘清新时代劳动课程内容的要求既是完善高职院校劳动课程建设的要求，也是新时期培养高质量人才的迫切需求。因此，在推动高职学生全面发展的基础上，结合新时期的劳动教育需求，高职学生劳动教育课程内容目标应体现在认知幸福劳动的理想状态，树立尊重劳动、崇尚劳动、热爱劳动的正确态度，开展辛勤劳动、诚实劳动、创造性劳动这三个方面。

[1] 盖小丽：《新时代高职院校劳动教育研究》，吉林大学出版社，2023，第86页。
[2] 中共中央、国务院印发《关于全面加强新时代大中小学劳动教育的意见》。

（一）认知上——了解幸福劳动的理想状态

劳动创造人本身，是人类创造物质与精神财富的主要来源，也是人们通往幸福人生路的基石。在人类历史进程中，奴隶社会、封建社会、社会主义社会与资本主义社会等都拥有特定的社会文化价值系统，成为维系社会发展的根基。而且，人类历史进步以新社会形态的文化价值系统替换旧社会形态的文化价值系统为主要标志。资本主义社会和社会主义社会的文化价值系统就有着质的差异。资本主义社会文化价值系统以"天赋人权"为核心，崇尚自由、民主、平等、人权等，并把它们的根源归之于"神授"。马克思批判了资本主义社会文化价值系统的虚伪性，分析了资本主义社会是压榨劳动者的奴役社会。在异化劳动和剩余价值的剥削下，社会不可能实现真正的平等和自由。而社会主义文化价值系统是"用劳动创造作为价值判断标准的观念系统"，其理论根基是劳动不仅生产出物质生活资料，同时也生产出社会关系与人自身，"'劳动的绝对自由'是劳动居民幸福的最好条件"。幸福是一种能力，是对快乐的感知力。真正的幸福是人们在追求幸福的过程中，能感受到这一过程的快乐。在主张劳动幸福的社会主义文化价值系统中，人获得劳动尊严，人的全面发展得以实现，人的类本质得以确证。

党的二十大后，中国特色社会主义建设迈入新阶段。在实现中华民族伟大复兴的征程中，人民群众是伟大实践的主体，造福劳动者是社会主义文化价值系统的根本要求，也是中国共产党人的初心和使命。功崇惟志，业广惟勤。"幸福都是奋斗出来的"，这是习近平总书记向全体劳动者发出的奋斗召唤。高职学生是重要的大学生群体，是国家的未来和民族的希望，其最富有朝气、最富有梦想的青年群体之一。青年兴则国家兴，青年强则国家强。高职学生要有所作为，就必须投身人民的伟大奋斗，坚持为实现中国梦而奋斗。

劳动教育有利于弘扬劳动幸福的社会风尚。不同于一般意义上的纯粹知识性或通识性教育活动，高职院校劳动教育是国家进行国民教育的专门化课程，其本质是马克思主义劳动观培育的实践活动。从基本属性来看，劳动教育具有其他课程所普遍具备的科学规定性，同时必须具备其他教育所不具备或者不显著的政治价值规定性。高职院校劳动教育坚守意识形态本位，实现科学理性和政治理性的有机统一，传播和培育马克思主义劳动观，有利于弘扬劳动幸福的社会风尚。一方面，高职院校劳动教育引导未来劳动者崇尚劳动、热爱劳动。

在社会主义市场经济发展过程中，面对劳动与资本、劳动与知识、劳动与获得等矛盾，青少年的劳动观念发生了很大变化。一些高职学生出现好逸恶劳、渴望不劳而获、盲目消费、商品拜物教等心态。高职院校劳动教育引导青少年树立正确的劳动价值观，有利于帮助青年理解劳动是幸福的源泉，摒弃好逸恶劳、不劳而获的不良思想。另一方面，在全球化、信息化、网络化的历史背景中，拜金主义、利己主义、消费主义等西方社会思潮大行其道。一些青少年陷入价值观冲突，世界观、人生观、价值观发生扭曲和错位，放弃甚至反对马克思主义信仰。极端的个人主义和功利主义折射了部分青年信仰的缺失，特别是对马克思主义劳动观的认识不足。在多元文化时代，高职院校劳动教育坚持培育马克思主义劳动观，有利于正清社会风气，使学生树立劳动最光荣、最崇高、最伟大、最美丽的劳动价值观，激励他们未来用劳动创造幸福，成为辛勤劳动、诚实劳动、创造性劳动的劳动者。

（二）理念上——尊重劳动、崇尚劳动、热爱劳动

劳动态度是个人在劳动价值观的支配下，经过长期劳动情感体验而逐步形成的一种对待劳动相对稳定的心理倾向。劳动态度的表现形式主要在于是否有劳动意愿、是否热爱劳动、是否尊重劳动成果和劳动人民等方面。大学生是祖国的未来和接班人，也是中国实现中华民族伟大复兴的重要支柱，不正确的劳动观念会导致他们的劳动观和人生观发生偏差。对大学生进行劳动观、人生观的培养，则有利于他们树立正确的劳动观和人生观，为中国梦的实现打下坚实的基础。因此，新时代劳动课程内容的设置应该包括热爱劳动、辛勤劳动、诚实劳动、合法劳动、爱岗敬业、精益求精这六个方面。主要是引导他们养成正确的劳动态度，对待劳动保持热情，学会尊重每一位劳动者，能够平等地对待每一份职业。

"崇尚劳动"在本质上是充分认识到劳动的价值所在。习近平总书记是从个体、社会、国家三个不同层面来分别论述"劳动"所特具的那种重要价值，而所有这些价值的最终旨归必然是引导人们，尤其是青年学子们"崇尚劳动、热爱劳动"。在个体层面，习近平总书记强调指出，"劳动是财富的源泉，也是幸福的源泉。人世间的美好梦想，只有通过诚实劳动才能实现；发展中的各种难题，只有通过诚实劳动才能破解；生命里的一切辉煌，只有通过诚实劳动才

能铸就";在社会层面,习近平总书记进一步指出,"人类是劳动创造的,社会是劳动创造的";在国家层面,新时代以来,习近平总书记曾多次在各种场合围绕劳动展开论述,并高度重视劳动在人民生活及国家发展中的重要作用,明确指出:"劳动是一切成功的必经之路。"①这为全社会形成"崇尚劳动"的文化氛围和舆论氛围起到了根本的导向作用。这些重要论述源自对马克思主义劳动思想的赓续继承,源自习近平总书记工作经历的实践体悟,源自新时代对实现高质量发展的迫切需要。要真正地学深悟透、切实践行这一新时代的劳动价值观,作为时代新人的高职学生就必须从"崇尚劳动"做起。

高职学生劳动教育课程开发在目标导向上是以"热爱劳动"为旨归的。一种品格不是一朝一夕就可以养成的,它必须从人生的青少年阶段就开始去有意识、有目的地去努力。而"热爱劳动"这种中华民族几千年来的优秀品格,同样也需要从青少年时期抓起。在青少年时期就很好地养成"热爱劳动"的品格,不仅会对这些无比"热爱劳动"的青少年个人来说,是其成长成才成功的关键性素质,而且对于我们整个国家乃至整个中华民族的永续发展来说,都将是极其重要的精神力量。关于这一点,习近平总书记的如下重要论述可谓高瞻远瞩、入木三分。他在多个场合一再强调指出,"青年一代的理想信念、精神状态、综合素质,是一个国家核心竞争力的重要因素。"而在这些所需要的理想信念、精神状态、综合素质之中,最重要的核心内容就是要对劳动发生真挚的热爱。

（三）行动上——辛勤劳动、诚实劳动、创造性劳动

艰苦奋斗历来是中华民族一种崇高的劳动精神,辛勤劳动的本质就是弘扬和践行艰苦奋斗精神。无论在什么年代,辛勤劳动都是一种优良的品质。我们今天拥有的幸福生活是靠奋斗而来的,中国当前的变化是我们的祖祖辈辈艰苦奋斗出来的。新时代对劳动者的要求只会越来越高,创新也越来越会受到社会的关注和重视,而新时代的任务是实现中国伟大复兴的中国梦,这就需要一批德智体美劳全面发展的有志青年不断努力,同时也要求这一批青年不仅要具备艰苦奋斗、吃苦耐劳的劳动精神,而且需要有创造力和创新精神。

---

① 习近平:《在乌鲁木齐接见劳动模范和先进工作者、先进人物代表向全国广大劳动者致以"五一"节问候》,《人民日报》2014年5月1日第1版。

新时代是中国社会转型的关键时期，更加需要有素质、能力强的人才加入。因此，新时代人才劳动素质、劳动技能等方面的要求比任何时候都高。创新既是一种能力，也是一种要求，当前无论是在高职院校还是在社会中，都需要具备这种能力的人才。然而，新时代的大学生大部分从小生活条件优渥，未能体验劳动的艰辛，从而出现了好逸恶劳、轻视体力劳动等不良思想。基于此，新时代高职院校劳动课程的内容要以培育创造精神和吃苦耐劳精神为目标之一，科学设置课程内容。

诚实劳动就是从业人员要诚实无欺，信誉第一，不搞投机倒把，不求不义之财。例如，在工作中要严格遵守企业的规章制度，严格按照工作程序完成每一项任务。诚实劳动是劳动者不可或缺的道德品质，也是为人处世、树立个人信誉的一种美德。诚实劳动主要表现在工作中要尊重事实，不为个人利益关系左右；不弄虚作假，踏实肯干。因此，高职学生劳动教育课程要编入诚实劳动的内容，以便通过教学活动使诚实劳动的理念在高职学生的头脑中根深蒂固。

三、重点任务

（一）适应劳动新形态，拓展劳动素养培育平台

1. 劳动教育新形态要体现时代特征

劳动教育要体现时代特征是《意见》提出的一条基本原则，充分体现"新时代培养社会主义建设者和接班人对加强劳动教育的新要求"。这一基本原则不仅反映在"劳动教育体系"的时代特征上，更要反映在"劳动教育新形态"上，倡导"适应科技发展和产业变革""注重新兴技术支撑和社会服务新变化"的劳动。《意见》对劳动教育内容的确定，也强调"结合产业新业态、劳动新形态，注重选择新型服务性劳动的内容"，要针对日常生活劳动、生产劳动、服务劳动的具体形态，提炼新形态劳动的基本特征。新形态劳动教育至少有以下几方面的特征。

（1）贴近现实生活

马克思在"劳动创造了人本身"中所指的，应该是运用石器、刀耕火种的那种劳动。从劳动教育的最初意义来说，这种原始的劳动形态依然有劳动教育的价值，小学生会因为感到新奇而投入。但这种劳动教育显然是没有实践性的，因为现实生活中已经不具备开展这种劳动的可能性，甚至可能背离当今生活的

基本观念，如"刀耕火种"与当今的生态观、环保观就是背道而驰的。即便学生对诸如在老式炉灶上烧火的劳动实践很感兴趣，也无法延伸到现实生活中。

（2）有技术支撑

近20年来，人们的生产方式发生了巨变，大量依靠简单的体力劳动就能胜任的传统职业陆续消亡，很多需要技术和知识支撑的新型职业陆续出现。新时代的劳动教育旨在培养社会主义的建设者和接班人，培养学生"具备满足生存发展需要的基本劳动能力"，是指向当下和未来的。缺少现代技术支撑的劳动形态可以在劳动教育的体系之中存在，如劳动教育与各类文化遗产传承的结合，但绝不能成为劳动教育形态的主流。

（3）具有创造性

当今社会正处在"信息时代"或"知识经济时代"，其核心特征就是知识的生长速度和老化速度同样快。人类的发展不再仅靠知识的积累和固定技艺的纯熟，而是依赖持续的创造性劳动。新时代的劳动教育虽然也强调体力劳动，但这不是目的，而是达成劳动教育目的的手段。如果将体力劳动作为劳动教育主要甚至唯一的形态，就会误入歧途。只有让学生在劳动中既动手又动脑，即开展创造性的劳动，劳动教育才能真正发挥"培养社会主义的建设者和接班人"的作用。

（4）具有合作性

如果将农业时代和工业时代的劳动形态做个比较，不难发现两者的重要差异——前者多为个体性劳动，后者多为大规模劳动。而信息时代的劳动形态进一步发生变化，"互联网+"成为日常生活和生产劳动的常态，合作性劳动成为主流形态，体现了劳动形态发展的趋势。因此，《意见》强调，要让学生"学会与他人合作劳动"。

2. 学生要充分开发利用劳动素养培育平台

学校劳动教育课程的实施，需要构建"互联网+劳动教育"的新模式。在这一模式下，劳动课程的内容以及教学方式也发生着革命性的改变，劳动形态逐渐呈现出多样化的发展趋势。学校要充分开发和利用信息资源研发劳动课程，真正让"互联网+劳动教育"的模式有效运转起来。除了线上教育，学校还应结合实际课堂教学开展线下教育，落实劳动课程。此时，教师应引导学生以信息技术为学习工具、交流工具和展示工具，遵循"引导—思考—实践—评价—反思"的教学程序，在教师的引导下充分发挥学生的主体性作用，让学生在动手、动脑的过程中体会到劳动创造带来的喜悦，并在劳动中实现教育的目标。

（二）立足学生新特点，创新劳动素养培育方法

高职院校向社会输送高水平人才，培养具有良好的劳动精神面貌、正确的劳动价值取向、较高的劳动技能水平的社会主义建设者和接班人，是新时代下高职院校开展人才培养责无旁贷的使命。

1. 加强顶层设计，完善劳动素养培育体系

高职院校应积极响应国家号召，全面落实将劳动素养教育纳入人才培养全过程。高职院校要从顶层设计出发，加大力度制定大学生劳动素养培育机制，完善劳动教育资源的配套措施，为有效落实创造有利条件。高职院校应制定保障劳动教育有效运行的规章制度，强化政策保障体系，用制度的规范来保障劳动教育课程的顺利开展。高职院校要增加劳动教育课程的师资力量配备，从校外引进专业的劳动教育课教师或者从学校内部选拔优秀教师进行劳动教育课程的学习与培训，让专业的人去开设专业的课程。同时完善育人评价机制，明确考核方案，完善毕业学分审核机制，让劳动素养培育真正落到实处。在学校日常教学过程中注重融入劳动教育理念，落实课程思政育人，将劳动教育与思想政治教育、校园文化建设、专业教育、创新创业教育等有机结合，落实全方位育人。

2. 以马克思主义劳动观为指导，夯实劳动认知素养培育的价值体系

马克思在他的中学毕业论文《青年在选择职业时的考虑》就提出，"劳动作为人类最基本的社会实践活动，是无比光荣、伟大的"。恩格斯在《劳动在从猿到人的转化过程中的作用》中也指出："劳动创造人，劳动在从猿到人的转变过程中起着决定性作用。"因此，在高职学生劳动认知培育过程中可以以马克思主义劳动观为指导，以中华民族优秀传统文化中的辛勤劳动为借鉴，构建高职学生劳动认知素养培育的价值认同。首先，在高职学生中加强宣传"以辛勤劳动为荣，以好逸恶劳为耻"的劳动价值观。在社会、学校的各个角落营造"劳动最光荣、劳动最美丽"的社会风尚和学校氛围。其次，以习近平新时代中国特色社会主义思想中关于劳动的重要论述为指导，积极引导高职学生树立积极向上的劳动认知观念。例如，一方面，高职院校可以努力丰富劳动文化载体，如

关于劳动科学知识的文化长廊、劳模雕塑、微型书刊、校园媒体、文化标志等，打造多元化劳动科学知识的文化实体，将劳动科学知识有机渗透到校园的各个角落，促使高职学生耳濡目染，以增强高职学生劳动认知素养培育的效果；另一方面，高职院校还可以将劳动科学知识与专业课程、基础课程、校内外实践课程等有机结合，将劳动认知素养的培育融入高职学生课堂学习之中。

3. 做到知行合一，使理论与实践高度融合

高职院校应将劳动素养教育纳入"三全育人"全过程，将理论教学与劳动实践有机结合，提升劳动素养教育在学科教学中的比重，合理制定科学的培养方案，形成更加完善的教学培养体系。比如可以设置"八个一"劳动素养教育体系，必修一门劳动教育课程、参加一个劳动类社团、策划一个劳动方案、从事一次体力劳动、撰写一篇劳动心得、做一次志愿服务者、比一次劳动技能赛、听一次劳模报告会；在理论教学之外，高职院校应引导学生主动参与劳动实践，启发学生在劳动中运用自己的专业知识与技能，达到理论与实践的高度融合。可以在校园荒地处开辟农地劳作实践基地，让大部分"四体不勤、五谷不分"的大学生们亲自扛起农具下地劳作，感悟农耕艰辛，培养团结协作，提升责任意识，从而形成正确的马克思主义劳动观，真正实现"知行合一"。知行合一的教学模式，能够使学生对课堂学习的专业知识形成更深层次的理解，学生在实践中形成劳动感悟，将专业知识与技能内化于心，在理论学习的基础上，有继承、有发扬、有创新。

4. 传承"三大文化"，助推劳动文化创新实践

这里的"三大文化"特指中华优秀传统文化、革命文化和社会主义先进文化。在中华五千年的历史长河中，中华民族养成了勤俭自持、耕读传家的传统美德和优秀劳动文化。历代文人以劳动为题材，创作了许多脍炙人口的诗篇，如《锄禾》《田舍》《朱子家训》等，这些诗篇均饱含了对劳动文化的赞美之词。革命文化体现的是一种在困难面前坚韧不拔、自强不息、披荆斩棘的特质文化。社会主义先进文化是培养大学生脚踏实地、仰望星空的奋斗精神，吃苦耐劳、艰苦朴素的实干精神，服务社会、克己奉公的奉献精神，勤以修身、俭以养德的自律精神。所以，高职院校要把握好增强文化自信的着力点，主动传承中华优秀传统文化、革命文化和社会主义先进文化，把"三大文化"融入劳动素养实践教育中，使劳动文化具有中国特色的鲜明的民族性、科学性和大众性，成为高职院校校园文化的重要组成部分。通过劳动学习与实践，把劳动精

神外化为自身的行动自觉，形成艰苦奋斗、吃苦耐劳、勤俭节约、诚实守信、责任担当的个人劳动品质。

5. 加大校企合作，拓宽劳动实践基地建设

高职院校不同职能部门应积极协同合作，充分挖掘校外资源，寻找优质企业，为学生创造良好的实践环境平台，不断扩大劳动实践覆盖面。辅导员、班主任或导师应积极带领青年学生走出校园，拓宽劳动素养的视野，提升全方位育人的教学管理模式。加大校企合作力度，给学生创造实践实习的机会，提升高职院校劳动教育水平、培育全面发展的新时代好青年。加大校企合作力度，让更多的学生在校园里就能拥有将理论转化为实践的机会，深化对课堂理论知识的理解，帮助学生更高效地掌握劳动技能；增加青年学生与社会沟通的机会，青年学生可以在企业里学习精湛的技艺与最先进的技术，高职院校教师也可以第一时间了解社会行业的发展动向与就业需求，增强劳动教育的感染力和吸引力。

6. 弘扬三种精神，激发大学生劳动创造力

中国共产党的百年奋斗进程，引领了全国各族人民奋力实干，开拓进取，取得了一系列举世瞩目的成就，培育形成了劳模精神、劳动精神、工匠精神等精神财富。因此，高职院校在开展劳动教育过程中，应采取"请进来、走出去"的教育形式，充分把握高职院校大学生的成长特点，积极搭建"工匠大讲坛""劳模进校园"等平台，邀请长期坚守在一线工作岗位的知名人士、劳动事迹突出的劳模、工程师等走上讲堂，用他们真实的劳动案例给大学生们讲述劳动经历，分享劳动感受，感悟劳动收获。现场的分享远比媒体的报道更震撼人心，通过面对面交流，让学生更真切认知劳动者们的劳动精神与工匠精神，更真实见证劳动者们通过劳动实现人生价值后的幸福感与满足感，更深刻地理解服务人民群众、创造社会价值的光荣与自豪。同时，组织学生走进劳模工作室、技能大师工作室等，近距离接触劳模和大国工匠，聆听劳模故事、劳动故事、工匠故事，感受领悟劳模精神、劳动精神、工匠精神，以劳模工匠为榜样，引导学生崇尚劳动、尊重劳动，营造劳动最光荣的教育氛围和勤劳踏实的爱岗敬业新风尚。

7. 以家庭、社会为平台，构建劳动认知素养培育的实践基础

家庭和社会是高职学生形成劳动认知素养的重要实践平台，在高职学生的劳动认知素养培育过程中起着重要的作用。为解决家庭和社会对高职学生劳动

认知素养培育的现存问题，需要家庭和社会共同构建高职学生劳动认知素养培育的实践基础。家庭方面，一是家长需要转变对高职学生劳动认知素养培育的理念，家长要认识到劳动认知素养在高职学生整体素养提升上的重要性，改变从事"体力劳动是低人一等"的错误劳动认知教育观念；二是家长要明白自己的言行举止对高职学生的劳动认知素养的形成有着潜移默化的影响，家长在日常的劳动行为上要有意识地表现出模范带头作用；三是家长需要注重对高职学生劳动技能的培养，以此来促进高职学生劳动认知素养的形成，如高职学生在家期间，家长需要尽可能鼓励高职学生做一些家务，督促高职学生做好自己的个人事务。社会方面，一是各种社会媒体需要把握好主旋律，大力弘扬热爱劳动正能量，努力营造出"奋斗的青春最美丽"的社会风气；二是广播电视方面可以增设一些高职学生劳动认知素养培育相关的栏目，拍摄、制作、播放一些突出劳动光荣、劳动伟大的影视作品；三是要强化对互联网、新媒体等网络平台的监督和管理，互联网或新媒体相关企业或个人要树立强烈的社会责任感，为高职学生树立正确劳动认知观念提供风清气正的网络环境，坚决抵制一些误导、低俗、媚俗的网络文化。

通过对制约高职学生劳动认知素养培育现存问题的分析和梳理，结合高职学生自身的成长特点和职业发展特征，对其劳动认知素养培育的现实要求进行了探索，构建了新时代高职学生劳动认知素养培育的实践路径。从高职学生劳动认知素养培育的视角为高职院校更好地立德树人提供参考，期望能够为指导高职学生劳动认知素养的培育提供借鉴。

（三）整合劳育资源，构建多方协同的运行机制

高等职业教育作为高等教育的一个特殊类型，肩负着培养面向生产、建设、服务和管理一线的高素质技术技能人才的责任，即高职院校的定位就是培养大批高素质劳动者。2019年初，国务院印发《国家职业教育改革实施方案》，明确"把发展高等职业教育作为优化高等教育结构和培养大国工匠、能工巧匠的重要方式，使城乡新增劳动力更多接受高等教育"，"高等职业学校要培养服务区域发展的高素质技术技能人才"。《国家职业教育改革实施方案》对中国发展职业教育提出了"健全德技并修、工学结合的育人机制"和"深化产教融合、校企合作，育训结合，健全多元化办学格局"的要求。无论是德技并修、工学结合，还是产教融合、校企合作、育训结合，都内含着劳动教育的要求。

不论是培养大国工匠、能工巧匠还是造就高素质技术技能人才，都是"立德树人"的根本任务在高职院校中的具体实践，需要在德智体美劳五育并举的体系中完成。相比较于普通高职院校，劳动教育对于高职院校人才培养具有更重要的作用和特殊的意义。

高职院校开展劳动教育具有得天独厚的优势和资源。高职院校所开设的专业具有较强的应用性和技术性，各专业人才培养方案中都有关于实习实训的明确要求和具体安排，实习实训是开展劳动教育的重要载体；高职院校教师队伍中双师型教师所占的比重较大，为依托实习实训开展劳动教育提供了师资力量；产教融合、校企合作、工学结合的办学特色，决定了高职院校在校内拥有丰富的实习实训设施，并在相关企业建立了校企合作性质的实验实训基地，有的还是国家、省市级的开放性实训中心、实训室，为劳动教育的开展提供了场所和空间。

基于以上定位和优势，高职院校应以劳模精神、劳动精神、工匠精神的传承为基点开展劳动教育。劳模精神、劳动精神、工匠精神与高职院校培养高素质劳动和技术技能人才的定位具有高度契合性。2017年2月6日，习近平总书记主持召开中央全面深化改革领导小组第三十二次会议，审议通过了《新时期产业工人队伍建设改革方案》，其中提出了"强化职业精神和职业素养教育，大力弘扬劳模精神、劳动精神、工匠精神，引导产业工人爱岗敬业、甘于奉献，培育健康文明、昂扬向上的职工文化，在精神文明建设中发挥示范导向作用"。求是网《总书记一贯倡导弘扬劳模精神、劳动精神、工匠精神》一文首次把劳模精神、劳动精神、工匠精神在中央文件中并列在一起。2020年11月24日，习近平总书记在全国劳动模范和先进工作者表彰大会上对劳模精神、劳动精神、工匠精神的核心内涵做了科学概括："在长期实践中，我们培育形成了爱岗敬业、争创一流、艰苦奋斗、勇于创新、淡泊名利、甘于奉献的劳模精神，崇尚劳动、热爱劳动、辛勤劳动、诚实劳动的劳动精神，执着专注、精益求精、一丝不苟、追求卓越的工匠精神。"2020年11月24日，习近平总书记在《在全国劳动模范和先进工作者表彰大会上的讲话》中还提出"教育引导青少年树立以辛勤劳动为荣、以好逸恶劳为耻的劳动观，培养一代又一代热爱劳动、勤于劳动、善于劳动的高素质劳动者"。劳动教育要突出劳模工匠精神，能够适应高职教育特点和高职院校学生思想实际，有助于引导青年大学生树立崇尚劳动、尊重劳动、热爱劳动的价值观念，激发他们努力学习劳动技能，使他们为中华民族伟大复兴的中国梦贡献自己的劳动和智慧。因此，在劳动教育中突出劳模工匠精神对学生的发展具有价值引领和典型示范作用。

四、课程结构

（一）促进国家课程、地方课程和校本课程在管理层级上的相互协调

劳动教育课程是落实大学生劳动教育的重要载体，高职院校开展劳动教育，其重要实现途径之一，就是使高职院校劳动教育课程化。虽然大部分高职院校都能根据国家政策要求开设相关课程，但是仍然存在课时和师资安排、学分认定、课程考核"敷衍"的现象。因此，要构建科学的劳动教育课程体系，让劳动教育真正有理可依、有据可循。第一，开设劳动教育通识必修课程和选修课程，并设置相应的学分和学时。此类通识课主要包括劳动安全、法律、专业理论以及新科学技术等相关内容，对通识课程进行统筹分析与整合，打破单元或章节之间的界限，根据劳动教育内容进行重新归纳、整理，形成一贯的、联系的、系统的劳动教育知识体系。第二，所有课程都要注重将劳动教育融入课程教学当中，把握好内容和形式。例如，在文科课程教学当中，要注意深挖专业理论背后所蕴含的劳动价值元素，引导学生追寻正确的劳动价值理念；在理工科课程教学当中，要强调劳动是科学知识从理论通往实践的桥梁，引导学生把成为大国工匠作为自己的理想追求。第三，加强师资队伍建设，配齐配足师资力量。课程如菜、师资如厨，美味的菜肴需要高水平的大厨精心烹饪，师资队伍的水平直接决定着劳动教育实施的质量。一方面，高职院校要精心选拔劳动教育的任课教师，可以向具有丰富实践经验的一线专任教师或者劳动教育相关的专业型人才倾斜；另一方面，要定期开展教师专业培训和理论指导，可以通过举办学术交流活动、专题讲座、教学研讨、网络培训等来提升教师的专业能力和业务水平。

（二）形成由基础性课程、拓展性课程和创新性课程构建的有机整体

1. 要促进劳动教育理论课与实践课的融合

劳动教育不是简单的理论教育，也不是简单的实践教育，而是理论与实践

相融合的教育。这就要求劳动教育中的理论课和实践课不能是"两条渠""两张皮"。一方面，要精准定位高职院校劳动教育理论课。劳动教育理论课不是简单的、一般的理论教学，要坚决防止没有劳动的教育，必须从理论上阐明劳动这一实践活动对个人的成长成才、对社会发展所具有的根本性、决定性作用，同时培育劳动精神，帮助青年大学生树立马克思主义劳动观也是劳动教育理论课所要解决的核心问题。当前而言，要解决好劳动教育理论课存在的课程性质不明、功能定位不清等问题，则应以从理论上阐明劳模精神、劳动精神、工匠精神为重点，帮助大学生树立正确的劳动观，在理智上理解劳动、认同劳动，在情感上尊重劳动、崇尚劳动，在行动上热爱劳动、积极劳动。这也可以概括为"劳动幸福观"，"将'劳动有幸福''劳动为幸福''劳动要幸福''劳动能幸福'四者统一起来，给人们说透其中的道理，才是培育劳动精神最好的途径"①。另一方面，要积极拓展新劳动教育实践课，坚决防止以劳动取代教育的简单做法和"无教育的劳动"的错误倾向。在过去长期的教育实践中，教育者经常把劳动教育简单等同于让学生参加劳动、干活，甚至把劳动作为惩戒学生的手段。比如罚做值日劳动是部分小学班主任常用的办法，这种所谓的劳动教育不仅不利于学生正确劳动观念的形成和劳动精神的弘扬，甚至让学生厌恶、逃避劳动，违背了劳动教育的初衷，也无法达到劳动教育的目标，只会让学生憎恶劳动、逃避劳动。针对目前高职院校劳动教育实践课程形式上没有突破、本质上没有抓牢、内容上没有贯通、特色上没有形成优势等问题，各高职院校要利用好劳模（工匠）实践基地、校内外实验实训基地，探索"知、情、意、行、神"的劳动实践教育进路，通过设定阶段性劳动目标，开展劳动竞赛、进行劳动成果分享等实践，吸引学生，让劳动教育实践课成为学生追捧、真心喜欢、受用一生的课程。

2. 要促进思政课程与课程思政贯通，实现劳动教育的同向同行

劳动教育在五育并举的体系中具有基础性地位，与其他四育具有密切关系，学界概括为"以劳树德，以劳增智，以劳强体，以劳育美"。"以劳树德"意味着劳动教育会对德育起到积极的促进作用，这也就要求思政课程建设作为德育主阵地和主渠道，必须重视劳动教育，实现与劳动教育的协同。实习实训作为劳动教育的重要依托，显然属于专业课程的范畴，专业课程在重视知识传

---

① 何云峰：《用有效的劳动教育培育劳动精神》，上海教育出版社，2020。

授的同时，也有开展课程思政的任务。专业课程的理论教学、实习实训、顶岗实习不仅要关注劳动技能的教育与培养，也要对学生进行劳动观念、劳动习惯的教育与培养，这就要求在劳动教育中专业课与思政课协同协作、同向同行，在思政课程与课程思政的贯通中实现劳动教育在各类课程中的全覆盖。具体可以通过组建思政课教师与专业课教师结合的跨学院教学团队，打造具有专业特色的劳动教育课程，做到有教育的劳动和有劳动的教育有机结合。

3. 要实现创新教学方法与创新效果评价的统一

劳动教育不同于德育、智育、体育和美育，它强调的是感性与理性的统一、理论与实践的统一，要坚持问题导向和目标导向的辩证统一，找准当代青年大学生在劳动认识上的误区，直面深层问题，结合劳模工匠案例教学、混合式教学、探究式教学、体验式教学、现场教学等教学方法，使学生成为劳动教育中的显性主体，引导学生形成对劳动的直观体验、理性认识，形成对劳动本身更为全面、准确、辩证的理解，让学生在劳动中受教育，在教育中体会劳动的价值，达成对劳动的知、情、意的统一，达成对劳动的认同、崇尚、热爱、力行，最终使每一个学生都爱劳动、会劳动、懂劳动。高职院校要积极构建劳动教育效果的评价体系，以评价指挥棒引导劳动教育在正确的轨道上前进。坚持过程评价与结果评价相结合、动态评价与静态评价相结合、定量评价与定性评价相结合、事实评价与价值评价相结合、自评与互评相结合，突出以知识传授、思想引导、实践转化、教学研究、精神培育为一体的内容评价体系以及专业教师、思政教师、劳模工匠、社会、学生、用人单位共同参与的评价主体，形成对教学效果的系统性评价，发挥其在升学、就业、岗位晋升等方面的作用。

（三）构建由显性课程和隐性课程构成的相互融合的课程形态结构

1. 把劳动教育课纳入大学生的必修课程

《意见》中明确指出"普通高等学校要明确劳动教育主要依托课程，本科阶段不少于32学时"，把劳动教育课程纳入高职院校人才培养方案的必修科目，是实现劳动教育目标的必要条件和基本保障。劳动教育必修课程应设置在大一年级段并且覆盖到所有大一新生，让大学生从入学开始就系统性地接受劳动教育课程的学习，促使大学生在大学的起跑阶段就通过劳动教育课程的学习，深化对劳动的认识，掌握必要的劳动知识，从而养成良好的劳动行为习惯。

2. 开设必要的劳动教育选修课程

选修课程可以为劳动法律、知识产权法律、劳动安全、劳动伦理、劳动文化、创新创业等知识的学习，通过开设选修课满足不同学生对劳动知识多样化的需求，如让大学生掌握必要的劳动法律知识、国家创新创业的相关政策等，大学生毕业之后参加工作时能用法律武器维护自己的劳动权益，在大学生创新创业的道路上能熟悉政策，获得更多政策支持。

3. 把劳动教育融入专业课程、思政课程的学习

一方面要选准专业课程的融入点，把劳动教育特别是科学精神、工匠精神等劳动精神融入专业课程的学习，将专业课程学习和劳动教育相结合，更能增强大学生学习动力和学习导向性；另一方面要把劳动教育融入思想政治理论课教学中，发挥思政课的主渠道作用。思想政治理论课程要包含大量的马克思主义经典劳动学阐释和马克思主义中国化劳动学说的最新发展成果，这些理论成果应是树立大学生社会主义劳动价值观的根本遵循，劳育与德育的结合，且形成劳育与德育的协同效应，能增强马克思主义劳动理论的信服力，更能增强马克思主义劳动价值观的认同感，使马克思主义劳动价值观更能在大学生中生根发芽，结出美丽的硕果。

五、组织保障

（一）加强师资队伍建设

1. 辅导员与思想政治理论课教师的协同配合

对高职院校劳动观教育而言，辅导员与思想政治理论课教师是两支最基本的力量，他们协同配合的基础是劳动观日常教育与劳动观理论教育的结合。具体说来，在大学生劳动观教育过程中，辅导员可以通过党团组织、班级工作等方式了解大学生的日常生活，并及时掌握学生的劳动思想动态。但是，辅导员的工作繁杂，工作任务越来越重，工作范围越来越宽，导致辅导员少有时间和精力对学生进行劳动观教育，又加之辅导员来自各个不同的专业，对于马克思主义劳动观教育理论的掌握不一定到位，这就导致了部分辅导员在面对大学生劳动观出现问题时无法从理论的高度加以解决；而思想政治理论课教师的优势在于他们能够运用马克思主义的理论、方法，深刻剖析大学生在劳动过程中所表现出的问题。另外，由于高职院校扩招等，思想政治理论课教师师资严重缺

乏，使得全国各地高职院校的思想政治理论课教学都是大班教学，少则一二百人，多则达到三四百人，这就导致一学期课程结束后，很多思想政治理论课教师连学生都不认识，更谈不上有针对性地对他们进行劳动观教育了。因此，只有加强两支队伍的协同配合，使他们在大学生劳动观教育中形成合力，发挥他们各自的优势，才能增强大学生劳动观教育的实效性。

在学校劳动观教育方面，辅导员与思想政治理论课教师合力机制构建不仅是重要的，同时也是可行的。这是因为：第一，教育目的的一致。辅导员与思想政治理论课教师对学生有着共同的教育目的——大学生思想政治教育，而劳动观教育是思想政治教育的重要组成部分，因此在教育目的方面，辅导员与思想政治理论课教师是一致的。第二，教育载体的功能性互补。辅导员可以通过党团组织、班级工作等载体，通过日常管理和教育活动对学生进行劳动观日常教育；思想政治理论课教师则可以思想政治理论课教学为载体，对大学生进行劳动观理论教育。第三，辅导员的自觉。辅导员的自觉指的是由于高职院校的部分辅导员兼任了思想政治理论课教师，作为双重身份的他们，知道这两种身份在学生劳动观教育方面可能发挥的作用，因此为让学生树立正确的劳动观，他们会积极主动地与思想政治理论课教师进行协同配合，共同商讨劳动观教育的方式方法。

2. 辅导员与专业课教师的协同配合

中共中央、国务院《关于进一步加强和改进大学生思想政治教育的意见》指出，"高等学校各门课程都具有育人功能，所有教师都负有育人职责。""要深入发掘各类课程的思想政治教育资源，在传授专业知识过程中加强思想政治教育，使学生在学习科学文化知识过程中，自觉加强思想道德修养，提高政治觉悟。"这是政策层面对专业课程所具有的思想政治教育功能做出的规定，对于具体的教学而言，专业课教师的优势还在于小班教学为他们观察学生的一言一行、一举一动提供了便利，由此成了与学生联系最广泛、最密切、最能影响学生的师资力量。然而，部分专业课教师对大学生劳动观教育认识不太到位，一心想着学生的专业学习，而很少关心或者根本不关心学生在劳动中的思想表现。因此，在全员育人、全方位育人、全过程育人的大学生思想政治教育格局中，必须转变专业课教师的思想观念，让他们认识到自己在大学生劳动观教育中的作用，并加强与辅导员的协同配合，为大学生劳动观教育做出自己的努力。同时，辅导员与专业课教师协同的制度、平台、机制的有效构建，能够有效改变过去德育和智育两张皮和专业课教师不做思想政治教育工作的局面。这样一来，辅导员与专业课教师的协同配合的必要性和紧迫性就更加凸显出来了。

在高职院校劳动观教育方面，辅导员与专业课教师的协同配合不仅是重要的，而且也是可行的。原因有二：第一，越来越多的专业课教师会主动把劳动思想渗透进专业课教学中。这是因为，当前一些高职院校已经意识到了辅导员与专业课教师协同配合的重要性，并选聘了一些有事业心、责任感强的专业课教师兼任辅导员工作（部分学校实行的是班导师制），这样一来，专业课教师可以从思想上、生活上全面贴近学生、了解学生的劳动观现状，从而有针对性地帮助学生解决他们在面对劳动问题时所遇到的困惑，即使以后不再担任兼职辅导员，但由于他们在担任兼职辅导员期间积累了一些经验，对学生在劳动观方面可能存在的问题比较了解，因此也会在课堂上有意识地把劳动相关问题渗透进专业课教学中。比如，汉语言文学专业的教师可以通过古代神话和古代诗歌中对劳动的赞美，对学生进行劳动观教育；历史专业的教师可以通过人类历史的发展来说明劳动对人的重要作用；理工科的专业教师同样也可以通过某一原理或者某一定理艰难的发明、发现过程来说明辛勤劳动的重要意义，等等。这种把劳动观教育融入专业课教学的方式更能为大学生所接受，很大程度上可以增强大学生劳动观教育的实效性。第二，高职院校辅导员与专业课教师可以形成优势互补。辅导员是大学生的人生导师和知心朋友，熟悉学生生活以及在生活中所表现出的劳动观，但是在专业知识方面有所欠缺；而专业课教师是学生专业学习的重要指导者和引路人，他们精湛的专业知识和良好的人格魅力是学生所崇拜的，所以在专业课教学中渗透劳动观教育有利于学生在专业学习中受到潜移默化的影响，接受熏陶，他们之间的协同配合，有利于促进教书与育人的和谐统一。

3. 辅导员与公寓管理员的协同配合

教育部《关于进一步加强高等高职院校学生公寓管理的若干意见》指出，"学生公寓是学生日常生活与学习的重要场所，是课堂之外对学生进行高职院校思想政治工作和素质教育的重要阵地。""学生有1/3以上的时间在公寓，尤其是随着时代的发展，电话、网络等在公寓的普及，公寓的功能发生了较大的变化。"因此，我们应把学生公寓作为大学生劳动观教育的重要阵地。就大学生而言，教室、图书馆、食堂是公共场合，而公寓是一个相对私人的场所，因此他们在公寓表现出的行为（其中包括劳动行为）要比在教室、图书馆、食堂等地方随便得多，说直接一点，那就是学生在公寓里面表现出的劳动观可能更为真实。公寓的管理员可以从学生寝室的卫生状况、学生对待管理员（可以称作劳动人民）的态度、对管理员的劳动成果的态度（是否乱扔乱放）等方面了解学生在日常生活中所表现出的劳动观，并及时予以纠正教育。为此，有研究者指出，学生公寓管理、服务工作做得好、学生思想政治工作到位、引导及时，就能及时化解矛盾，消除不安定因素，把问题消灭在萌芽状态。

然而，对于很多高职院校而言，学生公寓隶属于后勤集团，与学院、班级的管理分属于不同部门，因此，相互之间存在着各自为政、沟通困难等现象，公寓管理员所了解的情况难以反馈给辅导员，辅导员也只能在偶尔的查寝过程中去学生寝室了解情况（而这时候看到的可能是学生为迎接检查而做出的表面行为）。因此，为保证大学生劳动观教育的实效性，必须加强辅导员与公寓管理员的协同配合。

在大学生劳动观教育方面，辅导员与公寓管理员的协同配合也是可行的。随着思想政治教育进公寓理念的提出，公寓的功能越来越突出，一些院校开始在学生公寓设立党支部，"通过开展形式多样的活动把学生吸引到党组织周围，并通过学生党员坚定的信念和高尚的道德品质影响和带动其他学生，增强其对党的感情，牢固树立共产主义理想信念"。一些院校开始选派辅导员入住公寓，通过了解学生在公寓的表现情况有针对性地对大学生进行思想政治教育，这些新的尝试为辅导员与公寓管理员协同配合进行大学生劳动观教育提供了良好的契机。

（二）加强风险防范管理

中共中央、国务院《关于全面加强新时代大中小学劳动教育的意见》中提出，要多方面强化劳动教育的安全保障。各地区要建立政府负责、社会协同、有关部门共同参与的安全管控机制。建立政府、学校、家庭、社会共同参与的劳动教育风险分散机制；学校要加强对师生的劳动安全教育，强化劳动风险意识，建立健全安全教育与管理并重的劳动安全保障体系。新时代信息技术蓬勃发展，网络已成为现代人不可缺少的存在，人工智能的发展一日千里，对人类的生产、生活带来了越来越深刻的影响。一方面，互联网、人工智能技术促进了生产力的发展，提升了学校的办学规模、办学效益，拓展了教育的空间，但同时也给学校教育造成一定的冲击。互联网信息良莠参半，对学校劳动教育造成一定的影响。受网络快餐文化的影响，一些大学生容易沉迷于虚拟的网络世界中不能自拔，产生了不想劳动、想一夜暴富、不劳而获的思想，不愿意参加劳动、不会劳动、不珍惜劳动成果，劳动观淡化、劳动教育弱化等；随着人工智能技术的发展，一些劳动岗位被人工智能代替，生活内容日新月异，劳动实践的领域和方式也有了更多的选择，有些高职院校对劳动教育没有引起重视，部分大学生劳动教育缺失，劳动观念薄弱，劳动意识不强，影响了学生奋斗精神、创新精神、奉献精神的培养，影响了人才培养质量和学生的健康发展。

1. 应对网络时代带来的挑战

21世纪互联网极速发展，是网络的时代。网络时代的劳动教育与以往的劳动教育相比，面临着三大挑战。一是话语权的挑战。在网络时代，劳动教育的话语权呈现从主流阵地向其他领域流动的趋势，自媒体、网络主播、微博达人等跻身劳动教育话语权主体之列。特别是一些网络主播，通过在网络上直播一些"低营养"吸引眼球的内容便可获得暴利，这对大学生的劳动价值观造成了强烈冲击。二是数字劳动、玩乐劳动的兴起。玩乐劳动是指用户在网络上进行娱乐性活动的同时，也为商业媒介公司生产了大量数据和资源。网络时代，现实与虚拟、劳动与娱乐的时空边界不断模糊并消弭，兼具劳动与玩乐的玩乐劳动活跃于公众视野。玩乐劳动带来了劳动动机的分裂式异化、劳动产品的反噬性异化以及社会身份认同的迷失与异化。玩乐劳动使大学生失去劳动者主体地位，也在一定程度上解构着主流劳动教育的教育功能。三是网络消费主义的盛行。网络消费在促进生产力的同时，也带来了一种无限扩张的消费文化。一些大学生兼职工作、省吃俭用，最终却将节省的金钱消费到名包名鞋上，而没有更多地用于投资自身的知识增长。劳动沉沦于物化之中，消解和弱化了劳动的超越性维度，劳动创造美好生活的意义被消解。

互联网的发展为学校劳动教育带来一定的冲击，同时也为劳动教育提供了更加便捷和有效的渠道，学校应该充分利用互联网信息传递速度快、覆盖面广等优点，以更加灵活多样的方式、更加生动有趣的内容培养学生学会运用互联网思维，更好地适应新时代科学技术的发展。同时运用"互联网＋劳动教育"的模式，对学生进行正确的劳动观教育。

2. 智能时代带来的挑战

2017年7月，国务院发布了《新一代人工智能发展规划》，中国人工智能进入战略发展深化阶段。机械生产向人工智能发展，将对劳动和劳动者产生巨大影响。人工智能将以一般科学劳动替代人的体力和脑力劳动，并推动人的创造性劳动成为日常。由于人机合作的影响，生产分工中的局部工人难以简单地区分为"熟练工人"或"非熟练工人"：高技能岗位需要知识型员工，其核心知识更加综合全面；低技能岗位的员工也不再是简单的体力劳动，更需要这些员工根据自身丰富的经验对实际情况进行灵活处理。人工智能不仅重塑劳动分工，也对劳动者技能产生了重要影响，诸如计算机、自动化等新型技能成为人工智能时代的核心技能。在此过程中，一大批劳动者将会从生产线上被驱逐，面临着失业的风险，影响社会稳定。在人工智能时代，大学生应该具备怎样的劳动态度、劳动情感、劳动能力和劳动素质？致力于生活力提升的大学生劳动教育体系应该如何构建？劳动教育面对智能时代带来的挑战，应积极进行调整部署。

人工智能的应用是为了代替人类，开展一些更加复杂的研究和广泛运用于生产生活。随着《新一代人工智能发展规划》的出台，国家对劳动教育的高度重视，未来的劳动教育必将与人工智能走向深度融合。在新时代，人工智能应用于劳动教育是时代发展的必然结果。高职院校要开展劳动教育，要抓住人工智能给劳动教育带来的巨大发展机遇，应充分运用智能为劳动教育赋能。从理念、方式等对劳动教育进行理论与实践创新，提升新时代劳动教育的实效性。

（三）加强经费保障

1. 加强高等教育经费监管立法

从当前高职院校教育经费监管的实际情况来看，国家立法部门应该结合高职院校实际情况制定和出台与之匹配的法律法规，在高职院校教育经费监管的主体、内容、方式以及问责机制等方面进行具体的规定，提高高职院校教育经费监管的法律效力，保障其有法可依。同时，政府部门还应该结合其他相关法规，如高等教育法、审计法、高职院校财务管理制度等，对高职院校教育经费监管涉及的法律条款、配套政策等具体内容进行细化和分解，并且参考高职院校教育经费监管实际情况制定与之匹配的管理规章和制度，强化制度支持。另外，各省市也应该根据管辖范围内高职院校的具体情况，参照国家相关法律法规以及文件精神制定具体的管理办法，进一步深入贯彻和落实高职院校教育经费监管的制度保障。

2. 完善高职院校教育经费监管体系

第一，国家或政府相关部门应该根据高职院校教育经费管理的具体情况明确主要的管理部门，并且明确其主要职责以及其他相关部门的职责，避免监管过程中出现多头领导和推诿扯皮的不良现象。

第二，突出高职院校教育经费预算机制的地位和作用，将高职院校教育经费的筹集和使用通过政府财政预算工作进行明确，参照预算管理的方法对相关流程和环节进行细化，提高教育经费使用效率和质量。同时，还应该健全配套的审计制度，加强审计工作，及时公布审计结果，充分发挥报纸、互联网等多种媒体的监管作用，扩大和提高监管工作的范围和效果。

第三，优化高职院校教育经费使用的决策机制，对经费使用的决策过程进行监管，提高其科学性和可靠性，尽量避免"一言堂"等个人决策的情况发生，保障决策的效果。

3. 健全教育经费使用问责机制

一方面，要明确高职院校领导、相关部门负责人在教育经费监管体系中的职责和权利范畴，将对应的责任落实到具体人员。另一方面，要明确教育经费使用问责制的实施范围，积极发挥审计部门的效用，针对教育经费使用过程中的不良问题进行问责和追责，提高经费使用的效率和效果。另外，高职院校应该将教育经费使用状况与领导业绩进行挂钩，一旦涉及教育经费使用问题，则进行直接否决，提高高职院校教育经费监管的地位和作用。

4. 全面推进内部控制制度建设

加强高职院校教育经费监管体系建设，应该全面推进内部控制制度建设，以此保障高职院校各项经济活动的正常开展。参考相关政策和制度的规定，高职院校在推进内部控制制度建设方面应该进一步突出相关制度和规范的作用，如集体决策机制、内部监督机制、信息公开机制等。同时，高职院校还应该加强经济活动业务层面的监管，针对具体经济活动实施与之匹配的管控，有针对性地加强预算管理、优化采购制度、健全资产管理等。通过构建内部控制制度，将涉及高职院校教育经费使用的相关部门有机结合在一起，积极发挥其相互制约、相互促进的作用，提高高职院校教育经费监管体系的效用。

第二节 公益劳动教育课程开发

一、课程背景

公益劳动教育课程有效地将校内外志愿者服务与劳动教育相结合，并与综合实践活动课程中的"职业体验""社区服务"相结合，实现了劳动教育课程的更新；通过"培养劳动意识""养成劳动习惯""树立劳动榜样""投身劳动实践""弘扬奉献精神""创造美好生活"六个方面内容的开发与实施，引导学生树立正确的劳动观，弘扬奉献精神，爱服务、乐创造，全面提升学生综合素质，促进学生全面发展、健康成长。

开设公益劳动教育课程，旨在培养学生爱生活、懂感恩、乐服务、勇担当的优秀品质。通过课程的实施让学生在相互合作的劳动实践中，用一言一行夯实各项劳动技能，力所能及地帮助身边人做暖心事。公益劳动教育课程系统化地将各项活动与当下学生所学习的课程知识、相关技能相结合，寓教于学，连接志愿者服务内容，跨学科开展劳动教育、劳动技能学习、社会劳动服务等一系列劳动实践活动。

二、课程理念

著名教育家苏霍姆林斯基说过："劳动是有神奇力量的民间教育学，给我们开辟了教育智慧的新源泉。这种源泉是书本教育理论所不知道的。"

"教育即生活""社会即学校"。学校劳动教育课程以"奉献、友爱、互助、进步"为原则，以"立足校园，奉献社会，服务他人，快乐自己"为宗旨，弘扬劳动精神，增强学生劳动意识，养成良好的劳动习惯，掌握劳动技能，以劳动创造幸福生活。

（一）劳动课程即树立正确的价值观

通过课堂，培育学生积极的劳动精神，让学生认识劳动的意义，塑造基本的劳动品质。即让学生认识到，劳动不仅是谋生的手段，更是通向客观世界与主观世界的媒介，也是实现人性至美至善、彻底自由的必由之路，创造美好未来和幸福生活的必由之路。

（二）劳动课程即培养学生的综合素养

课程涉及学校、家庭、社会，层层递进，螺旋上升，让学生动手实践，自觉、自愿、安全、规范地参加劳动，出力流汗，接受锻炼、磨练意志，培养正确的劳动价值观和良好的劳动品质，做到坚韧不拔、拼搏奋斗、敬业奉献，以劳树德、以劳育美。

（三）劳动课程即成就更美好的自己

课程不仅仅让学生素质提升，同时还锻炼自身能力，把学科知识变成社会实践，把技能用于服务过程中，让本领得到应用，能力得到提升，真正做到学以致用。学生在收获劳动技能的同时收获快乐，提升实践能力和综合素质。促进学生全面发展，让学生成为更美好的自己。

三、课程目标

（1）通过与家庭教育结合，让学生掌握必要的劳动技能，具备满足生存发展需要的基本劳动能力，热爱劳动，形成良好的劳动习惯。

（2）通过在校开展各项活动，让学生接受锻炼，磨练意志，尊重普通劳动者，弘扬勤俭、奋斗、创新、奉献的劳动精神，全面提升各方面的综合能力。

（3）通过社会实践、社区服务，增强劳动意识，树立正确的劳动观，培养乐于奉献、勇于服务的劳动精神，进而树立正确的价值观念。

四、课程内容规划

课程根据不同学段、类型的学生特点，以日常生活劳动和服务性劳动为主，设置以全员参与的必修课程和社团活动为主的选修课程，将基本的习惯和技能融入平时的训练指导中，在循序渐进中让学生收获劳动技能的同时收获快乐。大一新生注重围绕劳动意识的启蒙，让学生学习日常生活自理，感知劳动乐趣知道人人都要劳动；大二同学注重围绕卫生、劳动习惯养成，让学生做好个人清洁卫生，主动分担家务，进行劳动技能分享；大三同学注重劳动实践，参加校内外公益劳动，学会与他人合作劳动，体会到劳动光荣。

课程案例规划见表2-1。

表2-1　公益劳动课程活动表

年级	学期	活动内容	活动目标	课时安排	活动形式
大一	上学期	谁知盘中餐，粒粒皆辛苦	做到光盘行动，懂得珍惜粮食	校内12课时，校外6课时	校内校外相结合
	下学期	我的宿舍我的家	参与宿舍清洁，养成收拾床铺，打扫宿舍卫生，整理宿舍环境技能，增强生活自理能力	校内20课时	校内
大二	上学期	我和妈妈换一天岗	做一天妈妈要做的家务，感受家庭的付出和辛苦，珍惜家庭的幸福生活	校外8课时	校外
	下学期	校园秩序我维护	参与校园共享单车摆放、垃圾分类管理等，遵守社会规则，参加服务性劳动实践	校内20课时	校外
大三	上学期	劳动最光荣	参与校内实训室、教室环境清洁及维护。清扫校园校道，维护美好校园生活环境	校内10课时	校内
	下学期	志愿行动我能行	参加校外志愿服务活动，走进社区，学会与他人合作，弘扬志愿精神	校外20课时	校外

五、课程实施要素

学校劳动课程紧密结合学生的生活实际，联合周边社区，把劳动课程与志愿服务紧密结合，让学生在社会实践中磨练意志、锻炼能力、提升素质。学生前期通过劳动课程，学习劳动榜样、内务整理、烹饪、植物种植与修剪、劳动技能展示、小制作、小发明等内容，掌握了必备的劳动技能，形成了劳动意识，树立了正确的劳动观念；后期把学习到的技能广泛运用到社区服务工作中，学以致用，奉献社会，服务他人，快乐自己，践行志愿者服务精神，提高实践能力。

（一）在劳动中提高生活技能

课程注重学生的亲身体验，无论是劳动技能的学习与掌握，还是劳动实践，都要求学生参与到每一个环节中，从课程的规划、目标的制定到方案的确立、人员的分工以及活动的实施与总结，都体现了学生的主动意识与亲身实践。开展"我和妈妈换一天岗"活动进行角色体验，注重学生的自主探究，在体验中感受他人的不易与艰辛，学会尊重劳动者，珍惜劳动成果。真正做到让学生在实践中体验，在体验中成长，在成长中进步。

（二）在劳动中体验生活的美好

课程通过劳动实践，让学生在晒劳动成果中感受劳动的乐趣，在劳动中成长，感受劳动的美好。通过"我的宿舍我的家"等活动的开展，学生们学会了快速整齐叠衣服、高效美观整理书柜、整理收纳鞋柜、清洁宿舍卫生等一项又一项的劳动技能，并把掌握的劳动技能运用于实际生活，体会生活处处皆学问，建立属于自己的劳动成长档案，从中增长知识，强化技能，懂得"美好生活劳动创造"的意义。

（三）在劳动中传承奉献精神

走进社区、参与社区劳动服务是课程的核心内容。学校在各个班级招募志愿者，带动家庭参与社区服务活动，心怀感恩之心，将弘扬奉献精神根植于学生心中，培养学生的服务意识。学生将已掌握的劳动技能与社会志愿服务相结合，辐射周边社区，开展"志愿者行动我能行""正确摆放共享单车"等活动奉献自己，帮助他人，拉近邻里彼此间心里的距离，把奉献精神发扬光大，使学生由表及里、由内而外地成为一名爱劳动、勤奉献的品质青年。

（四）在劳动中服务社会

公益劳动教育课程的活动范围不仅仅局限于家庭和学校，常与社区、办事处等多单位协同合作，为学生提供更多的实践平台，使每一个学生在社区服务中各展所长。带领学生在社区劳动实践中宣传城市文明，用文明行为影响各个家庭，从而提升全民整体素质，让他们成为社区帮手、劳动标兵。学生的暖心行动不仅体现在家庭和学校的劳动之中，而且展现于社会服务之中。

六、活动案例

志愿行动我能行

（一）活动宗旨

（1）体会"奉献、友爱、互助、进步"的志愿者服务精神。

（2）通过实践活动，感受中国传统礼仪文化的魅力，体验文化传播的成就感。

（3）深入学习中华传统礼仪文化内涵，积极投身文化传播公益行动。小行动、大情怀，向身边人传播文化自信的伟大力量。

（二）活动培训

（1）中国素有"礼仪之邦"之称，中国人也以其彬彬有礼的风貌而著称于世。礼仪文明作为中国传统文化的一个重要组成部分，对中国社会历史发展产生了广泛深远的影响，其内容十分丰富。礼仪所涉及的范围十分广泛，几乎渗透于社会的各个方面。

（2）中国古代的"礼"和"仪"，实际是两个不同的概念。"礼"是制度、规则和一种社会意识观念；"仪"是"礼"的具体表现形式，它是依据"礼"的规定和内容而形成的一套系统而完整的程序。

（3）在中国古代，礼仪是为了适应当时社会需要，从宗族制度、贵贱等级关系中衍生出来因而带有产生它的那个时代的特点及局限性。时至今日，现代的礼仪与古代的礼仪已有很大差别，我们着重选取对今天仍有积极、普遍意义的礼仪，如尊老敬贤、仪尚适宜、礼貌待人、容仪有整等，进行宣扬。这对于修养良好个人素质，协调和谐人际关系，塑造文明的社会风气，进行社会主义精神文明建设，具有现代价值。

（三）活动实施

（1）召开班级动员，讲清本次活动的意义和注意事项。

（2）确定活动区域。选定校园周边或社区志愿者宣传服务点，开展活动。

（3）划分活动小组，组长将任务分解并对组员进行分工。

（4）小组讨论传统礼仪文化宣传单，设计礼仪知识小卡片的内容。

（5）做好志愿者宣传活动的准备，如传单、纸笔、遮阳伞、桌椅、服装等。

（6）在教师的指导下，各组统一行动。

（7）按照任务分工，开展礼仪的宣传活动。

（8）活动结束，收拾好所有物品，返回学校。

（9）教师总结本次志愿者宣传活动情况。

（10）有能力的同学可以在线上继续展开宣传，如礼仪宣传微视频、微讲堂等。

（四）活动分享

小组讨论交流此次志愿者宣传活动的心得。

（五）找一找

汪勇，武汉一名普通的快递小哥。疫情暴发后，他牵头建立起了医护服务队。从日常出行到用餐、修眼镜、买拖鞋，只要是医护人员的需要，他们都会想方设法满足。汪勇和他的志愿团队将温暖聚拢，守护着冬日里逆行的医护英雄。复工后，汪勇被火速提拔为部门经理，国家邮政局授予他"最美快递员"特别奖，团中央授予他"中国青年五四奖章"。《人民日报》也发表文章称他为抗疫时期的"生命摆渡人"。

看完汪勇的事迹，对照"奉献、友爱、互助、进步"这八个字的志愿者服务精神，找找自己的差距：

（六）总结反思

具体见表2-2。

表2-2　公益劳动课活动总结

活动总结	
我的收获	
我的不足	
改进措施	

七、课程评价

具体见表2-3、表2-4。

表2-3　公益劳动教育课程评价表

项目	内容	具体指标	分值	评分
劳动课程实施评价	课程开发的意义（10分）	课程的设立依据《关于全面加强新时代大中小学劳动教育的意见》，结合学校办学理念，彰显学校特色。能促进学生劳动技能的提升，提高学生综合素养	10	
	目标定位（15分）	目标明确清晰，知识、能力、情感目标齐全	10	
		技能的掌握与劳动实践相结合	5	
	课程内容（10分）	课程内容安排合理，依据学生的发展循序渐进，突出对学生综合实践能力的培养	10	
	课程评价（5分）	评价可操作性强，方法科学，具有激励性	5	
劳动课程教学过程评价	指导思想（10分）	课程体现学生的实践与探究，以学生为主的教学原则，课程指导思想实施中重视德育渗透和情感熏陶	10	
	教学过程（30分）	提前制定教学计划，安排教学进度，设计贴近学生生活的劳动实践内容	6	
		教学方法灵活，目标明确，重点和难点的设置有新意，具有时代性，且效果好	6	
		课堂与实践活动组织有序，具有启发性，能够发挥学生的主动性、积极性，创新、创造	6	
		能面向全体学生，因材施教，学生参与度高，整体效果好	6	
		亲历实际的劳动过程，善于观察思考，注重运用所掌握的劳动技能解决实际问题	6	
	实施成果（20分）	能激发并维持学生对劳动的兴趣，学生掌握劳动技能情况较好，乐于参与劳动实践	10	
		能强化学生的劳动观念，学生养成良好的劳动习惯与品质，弘扬劳动精神，增强服务意识	10	
综合评价	等级分数	优秀：90分以上；良好：80~89分；合格：60~79分；待努力：60分以下	100	

表2-4 "志愿行动我能行"学生评价表

学院: 班级: 姓名:

评价标准		评价等级		
		优秀	良好	加油
认知过程	能够较好地掌握基本的劳动技能，并将之运用到志愿者服务活动中			
	能认识到劳动最光荣，为自己所做的事情感到自豪			
实际体验	能够主动搜集资料，为活动出谋划策			
	能积极参与志愿者活动，不推脱，主动承担任务			
	通过实践活动，较好地掌握劳动技能，养成良好的劳动习惯及体验			
	在劳动过程中，能够与同伴相互合作，善于观察思考，发现并解决活动中的问题			
反思改进	能有效交流"劳动"感受，分享经验、反思改进			
	善于总结自己在课程过程中的不足与收获			
综合评价	优秀：7~8个"优秀"为"优秀"；良好：5~6个"良好"为"良好"；加油：1~8个"加油"为"加油"			

注：依据评价标准，按照达成目标情况，在相应的栏中打"√"，根据"优秀""良好""加油"的数量进行综合评价。

学校会根据学生的劳动技能掌握情况，组织开展劳动技能和劳动成果展示、劳动竞赛等活动，全面客观记录课内外劳动过程和结果，对学生进行评价，通过投票的形式评选出"班级劳动小能手""年级劳动标兵""校级劳动模范"，对一个学期以来在劳动技能方面表现突出的学生颁发证书，予以表彰，并通过社团形式开展社区服务活动，每学期对表现突出的学生进行综合表彰。

第三节　服务学习劳动教育课程开发

一、课程背景

服务学习课程是指组织学生运用专业技能为社会、为社区、为他人提供相关公益及志愿服务，从而培育社会公德。本着从小处着眼的原则，选择一些具有较强教育意义的社会热点项目或者重点建设目标（如乡村振兴、支教支农背景下的经济建设及社会关爱项目），实现高职院校与社会基层工作的有效对接，创造和提供渠道，让学生参与社会生活，以己之眼观社会百态，以己之身亲历践行，以己之思想揣摩钻研，以己之人格升华再造。通过志愿公益活动的亲身参与，学生在学中做、在做中学，实现个人价值观的再造和升华，达到最初设计的育人目标。

二、课程理念

当代青年是与新时代同向而行的一代人，他们生活在互联网时代，思想活跃、思维敏捷，能够熟练运用各种网络新技术和新媒体，因此服务学习课程的开设应符合如下要求：

第一，紧贴社会脉搏，为青年创造平台走进基层、联系群众。我国虽已转向高质量发展阶段，但发展不平衡、不充分问题仍然突出，农业基础还不稳固，城乡区域发展和收入分配差距较大，生态环保任重道远，民生保障存在短板，社会治理还有弱项。青年学生既要"潜心问道"，也要"抬头看路"。服务学习课程为青年学生走入人民、走近社会发展提供了平台和观察点，是实现国家和社会对青年的价值诉求与青年个人成长内化融合的重要途径。

第二，发挥专业优势，回归实践，检验真理。充分发挥青年学生的智囊优势，为服务学习课程开展的质量和成效提供保障。以电子信息学院迈创公益苗圃实践项目为例，学生们充分利用电子信息、工业机器人等专业优势，深入社区，带领小朋友玩乐高、构建机器人等，让他们了解和熟悉机器人等前沿科技科学知识。

第三，服务学习课程常态化。常态化、品牌化的服务学习课程，在课程开展的深度和广度上有较好的保证。

三、课程目标

（一）发扬大学生公益服务精神

要严格遵循当代大学生群体的思想政治教育规律，帮助他们明确目标与方向，找准自己的角色与定位。鼓励大学生走出校园、走进社会，突破自我，调整生活心态，锻炼自己的人格，增强独立意识。在开展实际教育工作时，要以社会发展需求为导向，注重其和大学生专业学习、思想理论等诸多方面的紧密结合，将专业课与思政课同向同行，实现协同育人，要在师资、教学内容，乃至教学手段上互相融合，做到你中有我，我中有你，发挥合力。同时，要引导大学生们多去关注民生、了解社会，形成公益服务的意识和思维方式，培养相应的社会责任感，锤炼服务社会的能力，提升道德品质，成为新时代对社会有较大贡献的青年人才。

（二）在社区治理中提升服务社会能力

大学生社区志愿服务在中国有着深厚的文化和历史底蕴，同时它也是中国大学生志愿服务的重点领域。从社区治理的层面来看，推动大学生志愿服务团队与社区社会组织协同治理，可以提升大学生的社会服务专业水准。将优秀的社区大学生公益创业服务团队优先纳入社区社会组织的培育范畴，通过"1+1"的公益创业孵化服务模式，即由一个社工组织帮扶一个社区大学生公益创业转型团队，充分发挥了社会组织专业性强、与社区合作技术基础好的特点。从大学生个人发展的角度来看，社区具体的服务项目为大学生增强社会适应性提供了机会，有助于他们把理论和实际、学校与社会、课内与课外结合起来，使其在身心素质、表达能力、人际交往能力、社会认知能力和团队合作能力等方面都有所提高。通过这些行之有效的措施，全面提升大学生志愿服务者服务社会的能力。

（三）提升大学生的综合素质

鼓励学生勇于实践、大胆尝试，在实际工作中提升技术技能，培养创新能力，促进个性发展。同时，进一步加强对学生的人文教育，提高其身心素质、政治思想道德品质、科学文化素质、创新创造能力等综合素质。通过学校的引导、政府的帮扶、社区的融入，提升学生的劳动素养，提升学校人才培养质量。

四、课程内容

（一）课程项目类别

课程项目类别主要包括：

（1）专业化志愿服务项目（与学科专业相关的实践类志愿服务项目）。

（2）新时代文明实践项目（新时代政策理论宣讲、优秀传统文化传播与网络舆论正确引导、文明倡导等方面的志愿公益项目）。

（3）常态化志愿服务项目（在结对服务地长期坚持的志愿服务项目）。

（4）大学生志愿服务乡村振兴行动（围绕乡村振兴，解决新农村建设中群众生产生活方面和教育、卫生、文化等领域实际问题的志愿公益项目）。

（二）课程项目等级分类及建设要求

1. 示范项目建设要求

志愿服务项目需满足运行时间不少于2年，每年实施项目时间不少于3个月，且举办志愿服务活动次数不少于4次（含4次或以上）。项目申报主体为已完成组织/团体注册登记的志愿服务组织，组织管理规范，项目团队稳定，核心成员不少于10人等。满足以上条件方可申请成为示范课程项目。

2. 培育项目建设要求

志愿服务项目需满足运行时间已满1年，举办志愿服务活动次数不少于3次（含3次或以上）。项目申报主体为已完成组织/团体注册登记的志愿服务组织。满足以上条件方可申请成为培育课程项目。

3. 计划项目建设要求

志愿服务项目尚未投入运行，处于筹备阶段的项目则属于计划课程项目范畴，可向学校劳动教育课程主管部门提交课程建设申请备案，纳入建设项目库。

（三）课时安排

学生需要完成每学年不少于10小时志愿服务小时数的课时任务。

五、课程实施要素

1. 革新志愿服务理念，提升对青年的引领力

以"信仰入心、实践成才、基层建功"为志愿服务行动理念，突出志愿服务的政治属性和育人功能。通过组织青年学生广泛开展以扶弱济困助残、政策理论宣传、服务乡村振兴、参与社会治理为主题的志愿服务活动，引领青年学生坚定不移听党话、跟党走，增强对马克思主义的坚定信仰、对中国特色社会主义的坚定信念和对实现中华民族伟大复兴中国梦的坚定信心，引导青年学生小我融入大我、青春献给祖国，到党和人民最需要的地方建功立业，让志愿服务成为生动活泼的思政课堂。

2. 构建志愿服务机制，提升对青年的组织力

以"规范流程、孵化项目、构建体系"为志愿服务行动的发展方向，创新"1+N"志愿服务机制，即打造1个志愿服务项目的"中央厨房"，提供若干项"菜单式"供给的志愿服务活动。

3. 丰富志愿服务内容，提升对青年的服务力

以"提升质量、做优品牌、扩大规模"为志愿服务行动的创新路径，立足学科优势、突出专业特点，围绕社会治理、巩固脱贫攻坚成果、助力乡村振兴等方面，打造一批兼具学科优势和专业特点的志愿服务品牌。

4. 培育志愿服务文化，提升对发展大局的贡献度

以"教育引导、实践养成、榜样示范"为志愿服务行动的育人逻辑，注重以文化人、以文育人，通过选树先进代表、推广优秀项目、讲述典型事迹，引领青年学生不断认同志愿服务文化内涵，自觉践行"奉献、友爱、互助"的志愿精神，提升青年对实现中华民族伟大复兴中国梦的贡献度，让青年学生成为志愿服务文化的实践者、标识者、创新者。

六、课程评价

具体见表2-5。

表2-5　服务学习课程评价表

项目	内容	具体指标	分值	评分
劳动课程实施评价	课程意义（10分）	课程的设立依据《关于全面加强新时代大中小学劳动教育的意见》，结合学校办学理念，彰显学校特色。能促进学生劳动技能的提升，提高学生综合素养	10	
	目标定位（15分）	目标明确清晰，知识、能力、情感目标齐全	10	
		技能的掌握与劳动实践相结合	5	
	课程内容（10分）	课程内容安排合理，依据学生的发展循序渐进，突出对学生综合实践能力的培养	10	
	课程评价（5分）	评价可操作性强，方法科学，具有激励性	5	
劳动课程教学过程评价	指导思想（10分）	课程体现学生的实践与探究，以学生为主的教学原则，课程实施中重视德育渗透和情感熏陶	10	
	教学过程（30分）	提前制定教学计划，安排教学进度，设计贴近学生生活的劳动实践内容	6	
		教学方法灵活，目标明确，重点和难点的设置有新意，具有时代性，且效果好	6	
		课堂与实践活动组织有序，具有启发性，能够发挥学生的主动性、积极性，创新、创造	6	
		能面向全体学生，因材施教，学生参与度高，整体效果好	6	
		亲历实际的劳动过程，善于观察思考，注重运用所掌握的劳动技能解决实际问题	6	
	实施成果（20分）	能激发并维持学生对劳动的兴趣，学生掌握劳动技能情况较好，乐于参与劳动实践	10	
		能强化学生的劳动观念，学生养成良好的劳动习惯与品质，弘扬劳动精神，增强服务意识	10	
综合评价	等级分数	优秀：90分以上；良好：80～89分；合格：60～79分；待努力：60分以下	100	

七、活动案例

东莞职业技术学院自建校以来，一直注重学生劳动教育及社会志愿服务工作，特别是服务学习课程的开展，组织学生充分运用自己的专业技能为社会、为社区等提供公益及志愿服务，得到了上级部门及社会的认可，取得一系列成绩。表2-6为该校近年来各二级学院参加社会服务工作获奖情况。

表2-6　近年来东莞职业技术学院各二级学院参加社会服务工作获奖情况

序号	学院	项目名称	项目范围
志愿服务项目比赛　金奖			
1	电子信息学院	启创科教	示范类
2	创意设计学院	美学美育欢乐童趣	培育类
3	建筑学院	"寻美莞乡"振兴乡村志愿活动	计划类
志愿服务项目比赛　银奖			
1	建筑学院	金晖助老——夕阳红暖心行动	示范类
2	经济与管理学院	"以心带心·与爱同行"之关爱星宝活动	示范类
3	建筑学院	"一加一大于二，阳光助残"志愿活动	培育类
4	经济与管理学院	"衣旧情深，捐赠山区"旧衣回收公益活动	培育类
5	人工智能学院	我为同学做件事之"我为同学画幅画"	计划类
6	卫生健康学院	健康有约、医暖夕阳	计划类
志愿服务项目比赛　铜奖			
1	电子信息学院	乐高机器人少儿编程教学志愿服务活动	示范类
2	电子信息学院	你的电脑我来修志愿服务活动	示范类
3	经济与管理学院	"关爱老人，奉献爱心"之敬老院活动	示范类
4	经济与管理学院	"守望松湖，你我在行动"水质检测活动	示范类
5	商贸学院	"墨笔挥洒，传承文化"——提升书写美观服务活动	示范类
6	社会实践志愿服务部	声影心聆——电影讲述志愿服务活动	示范类

序号	学院	项目名称	项目范围
7	智能制造学院	抗疫爱卫，清洁机房	培育类
8	体育学院	常态化抗疫——我在行动	
9	数字媒体学院	"隔空投送"志愿活动也有它的浪漫	
10	创意设计学院	居家养老敬老系列志愿服务活动	
11	商贸学院	"首次志愿服务体验卡"活动	计划类
12	建筑学院	与爱同行，成长相守	
13	学前教育与人文学院	"烦恼盒子"志愿服务活动	
14	智能制造学院	3D打印助力农村稻壳再利用造福城市雨水花园	
15	智能制造学院	易车行——汽车检测与日常维护知识宣讲志愿服务	
16	数字媒体学院	"大步走在抑郁来临之前"（之）真实的幸福——大学生情绪现状与形成思维机制社会调研活动	
		志愿服务项目比赛　优秀奖	
1	经济与管理学院	"东方财富杯"东职院模拟炒股投资大赛	示范类
2	商贸学院	"课后300秒，教室随手清洁靠大家"活动	
3	数字媒体学院	"所谓伊人，在水一方"水资源保护行动	培育类
4	体育学院	校园运动会志愿服务队	计划类
5	体育学院	体育培训专业化志愿服务队	
6	人工智能学院	人工智能科普下乡服务乡村振兴行动	
7	数字媒体学院	"整理行囊又出发"实训室清洁活动	
8	卫生健康学院	保护碧水蓝天，共建美丽道滘	
9	学前教育与人文学院	"齐心协力一起抗疫"线上vlog大赛	
10	学前教育与人文学院	"清凉一夏"扇子DIY活动	

社会实践劳动教育学生评价见表2-7。

表2-7　社会实践劳动教育学生评价表

学院：　　　　　　班级：　　　　　　姓名：

评价要素	评价标准	过程性评价		
		自评	师评	他评
服务态度	积极参与，全心全意服务他人			
服务过程	有耐心、有方法、不怕累、不怕苦			
服务成效	为他人提供专业服务，他人获得帮助，问题得到解决			
服务时长	能够完成规划的服务时长			
总评				

请在表格里填写：优秀、良好、合格。各项累计在10个"优秀"以上，总评为"优秀"；6~9个"优秀"，总评为"良好"；6个"优秀"以下，总评为"合格"。

第四节　实习实训课程开发

一、高职院校劳动教育融入实习实训教学的现状与问题分析

为全面地了解劳动教育发展的现状、问题和原因，笔者以"劳动教育融入实习实训教学的现状与问题"为主题，通过开展调查问卷的方式对国内某所高职院校学生进行了调研，共发放问卷800份，回收有效问卷785份，问卷有效率为98.13%。参与调研的学生中男生占比39.11%，女生占比60.89%；大一学生占比为59.11%，大二学生占比34.52%，大三学生占比6.37%；城市生源占比23.95%，农村生源占比为59.11%，乡镇生源占比为16.94%。

（一）高职学生劳动教育"实践经历"调研情况

在对高职学生进行"实践经历"的调查中发现，只有9.94%的同学参与过专业顶岗实习的劳动教育，7.64%的同学从未有过实践经历，而74.27%的同学停留在暑期社会实践。通过数据不难发现，劳动教育形式不均衡现象尤为凸显，大部分高职学生的劳动教育仍然停留在学校常规的暑期社会实践任务当中，劳动教育在实习实训教学过程中的体现很少，如何在实习实训教学过程中融入劳动教育的内容对高职院校提升劳动教育的质量具有重要意义。

（二）高职学生劳动教育"劳动和技术能力"调研情况

在对自身的劳动和技术能力理解和认识的基础上，少部分学生认为当前劳动教育的内容安排对"劳动和技术能力"的提升没有太大帮助；有47.26%的学生认为当前劳动教育的内容安排比较符合对"劳动和技术能力"培育的要求；有37.33%的学生认为当前劳动教育的内容安排非常不符合"劳动和技术能力"的培育这一说法，并且希望学校能在劳动教育内容的进行科学设置，提高劳动教育的质量。

高职学生劳动教育"对未来自身专业劳动和技能情况深刻认知的帮助"调研情况

在对高职学生进行"对未来自身专业劳动和技能情况深刻认知的帮助"的调查中发现，有约11%的同学认为当前劳动教育的内容安排不太符合帮助学生"未来对自身专业劳动和技能情况"的要求；有37.83%的同学认为比较符合；有26.5%的同学认为符合；有24.46%的同学认为非常符合。当然，劳动教育实施过程中大部分同学对这一问题并未做深入思考，以至于他们认为学校怎么安排他们就怎么做。

通过调查和数据分析发现，高职院校学生劳动教育"实践经历"内容简单，对"劳动和技术能力的理解和认识"深度不足，对"劳动教育未来对自己的专业劳动和技能情况"的帮助也没有深刻的认识，如何实现劳动教育与学生的实践实训相融合，需要高职院校在教学过程中尤其是在实践实训教学过程中对高职学生加强新时代背景下的劳动教育进行深度的问题剖析、思想指引和内容升级。

二、劳动教育融入实习实训教学对高职学生人才培养质量提升的重要作用

（一）劳动教育融入实习实训教学可以实现"五育并举"育人

在落实劳动教育的过程中，坚持劳动教育与实习实训教育教学相融，重点关注"教什么、怎么教、怎么评、谁负责"，有针对性地解决实践中存在的"不会干、不想干、不愿干、不敢干"等不足。实习实训教育教学与劳动教育相融合，可以更好地促进学生"用心""入脑""动手"。对于学生"德行"的培养，可以通过参与劳动必修课使学生养成热爱劳动的习惯，"用心"感受劳动的价值；对于学生"智力"的增长，可以将劳动教育与实习实训教育教学相融合，提高学生的认知能力和技能，从而使学生"入脑"增长智力；对于学生"美育"的促进，劳动教育纳入实习实训教学是"美育"的另一种表现形式，劳动可以创造美好，所以"动手"显得尤为重要。

（二）劳动教育融入实习实训教学可以推动学生的高质量就业

在培养目标和毕业要求中明确劳动教育要求，将劳动教育融入实习实训教育教学可以提升高职院校的人才培养质量。通过各专业明确劳动教育依托课程，依托课程可由纳入专业人才培养方案的多门课程构成，重点开展劳动科学知识和劳动技能教育。商科类专业须将暑期社会实践、跟岗实习等与劳动教育紧密结合；理工类专业须有机结合工程实训、生产实习、课程实验。通过劳动教育融入实习实训教育教学，使学生更了解专业发展前景，做好自己的职业生涯规划；通过劳动教育融入实习实训教育教学，注重学生实操锻炼，塑造创新品格，进而实现学生高质量就业。

（三）劳动教育融入实习实训教学可以切实提升学生的生产性劳动职业技能

职业技能是学生将来实现就业和服务社会经济发展所需要的技术和能力，掌握职业技能是高职学生成为高素质劳动者和技术技能人才的立身之本。技能越多，能力越强，越有利于就业，越能适应新时代、新劳动岗位。劳动教育融入实习实训教育教学可以切实提升学生的生产性劳动的职业技能，在实习实训教育教学过程中通过技能传授、劳动锻炼可以促使高职学生成长为高素质技术

技能人才。高职学生要掌握的技能有很多，主要有生活技能、职业技能和社会技能。而参加日常生活劳动、生产性劳动和服务性劳动，是掌握生活技能、职业技能和社会技能的重要途径。

三、高职院校学生劳动教育融入实习实训教学的路径思考

（一）优化实习实训教学体系，加强劳动教育与专业教育的融合

学校要重视和发挥实习实训教育教学的劳动教育功能，制定专门的人才培养方案，明确人才培养内容、目标，开发新型活页式、工作手册式实习实训教材并配套开放信息化资源，将双创竞赛、顶岗实习等纳入实习实训教学体系，形成科学合理、系统优化、便于实施的实习实训教学方案，将劳动教育融入教学规范、质量标准和考核办法。

（二）加强实习实训教学过程管理，丰富教育形式

切实将实践教学纳入教学质量监控体系，充分利用顶岗实习管理平台，与实习实训单位共同加强实习实训过程管理。在实习实训中，学生务必掌握必要的劳动安全常识，遵守安全规程和劳动纪律；生产劳动实践的内容和形式要结合专业特点，积极开展实习实训；围绕"双创"解决实际问题，提升劳动技术技能水平。

（三）完善实习实训考核评价体系，确保教育实效

学校要明确目标导向，建立顶岗实习劳动过程性评价与结果性评价指标体系，根据学生实习岗位职责，会同实习单位制订具体考核方案，纳入考核评价，激励学生更重视劳动，更积极地参与劳动，更认真地从事劳动。

（四）加强实习实训安全教育，强化劳动教育保护

教育学生遵守安全操作规程，注意保密工作，严格遵守劳动纪律、工艺纪律、操作纪律、工作纪律，加强生产岗位安全、人身和财产安全、防盗、防抢、防骗、防传销、防网络犯罪的教育，强化实习实训学生劳动教育保护，增强学生安全生产、文明生产的意识。

（五）加强实习实训法律法规教育，防范化解劳动风险

学校在实习实训教学中要加强劳动法律法规、就业课程指导、职业生涯规划等内容的教育，了解劳动合同订立的基本规定，劳动合同的履行、变更、解除与终止，劳动争议的处理等，有针对性地开展学生实习实训权益保障就业权益保障方面的劳动法律知识指导。

（六）加强实习实训师资队伍建设，为劳动实践教育赋能

学校和实习单位应着力构建专兼职结合的实习实训劳动教育师资队伍。充分利用校外资源，建立健全兼职指导教师队伍，引导学生在参与企业生产和技术创新的过程中，接受锻炼，磨练意志，提升就业创业能力，树立正确择业观。聘请德育导师、劳动模范、优秀校友等优秀社会人士，开展"劳模"进校园专题教育，营造浓厚育人氛围。

（七）推动实习实训基地建设，拓宽劳动教育育人渠道

进一步深化产教融合、校企合作，双主体育人，依托原有基础，内建外联，因地制宜扎实推进实习实训校内校外劳动育人实践基地建设。推动建立功能完善，设备齐全配套的校内外实习实训劳动育人实践基地，丰富基地劳动实践教育育人渠道。

通过在实习实训中开展生产性（服务型）劳动教育，探索和完善实习实训中劳动教育形式与内容，使学生在生产性（服务性）实践劳动当中更深层次掌握知识技能，使之增添双创意识，不断提升高职学生综合劳动素养，培育劳动精神、发扬工匠精神、践行劳模精神；充分认识劳动创造美、职业不分贵贱，尊重广大劳动者，更加热爱劳动；掌握劳动安全常识、警惕劳动安全隐患、遵守劳动安全规程、重视劳动保护；用双手建设富强的祖国，用劳动托起中国梦。

四、打造专业实训型劳动基地，建立融合型劳动课程体系

发挥职业院校的先天资源优势，为践行劳动教育理念，达到劳动教育的目标，以天津滨海职业学院物流管理系为例，系部多年与深化产教融合、校企合作建立的校内外产教融合型实训基地为课题的开展提供了先天条件。提出高职

院校应以校内外实训基地为载体，以生产过程为场景，以劳动教育课程群设置为抓手，将校内外实训基地打造成以教学过程实践性为前提、以学生参与主体性为核心、以课程组织动态性为关键的专业实训型劳动教育基地。通过打造以企业文化体验、职业素养培养、生产岗位实践、职业发展探索为主题劳动教育基地，为劳动教育课程群建设奠定基础，从而实现劳动育人的目标。

（一）依托校企合作企业，打造企业文化体验基地

企业文化是企业发展的动力源泉，劳模精神、工匠精神都是企业文化的精髓。通过该基地企业实践课程，让学生亲身感受企业文化，让劳动情感与劳动精神时刻感染学生。

（二）依托校内实训基地，打造物流职业素养培养基地

通过该基地实践教学课程，可以直接展开对学生劳动认知与劳动观念，劳动精神与劳动行为的引导式教育，使学生掌握专业相关的劳动技能，培养学生良好的专业劳动习惯，提升学生的专业劳动素养。

（三）依托校外实训基地，打造物流行业生产岗位实践培养基地

通过该基地岗位实践课程，让学生融入企业中，通过顶岗实训或实习实训等方式参与岗位专业实践，通过亲身经历企业的生产运营与管理，学习劳动纪律、劳动法律法规、劳动安全防护等相关专业劳动知识，对学生进行劳动精神的培养与劳动能力的塑造，培养学生崇尚劳动、敬业爱岗。

（四）依托校企合作企业，打造职业发展探索基地

通过在该基地讲授专业实践课程，培养学生提高劳动创造能力，使学生首先能够对自我进行正确的认识与认知，探究自身职业发展规律，并进行职业生涯的规划。

以2022级现代物流管理专业学生为例，《运输管理实务》《仓储与配送实务》课程的实践环节搬入校外专业实训型劳动基地——百世物流科技（中国）有限公司天津分公司，通过将劳动教育融入实习实训，德技并修铸造时代工匠得以充分实现。在课程中明确劳动教育的培养目标，以劳树德、以劳增智、以

劳健体、以劳益美、以劳促创，培养了学生专业精神、职业精神、劳动精神。系部充分利用校外实训基地打造劳动教育基地，将劳动教育融入实习实训的整体育人思路，开启了德技并修时代工匠培养的实践与探索。在课程的实训教学过程中，明确劳动教育的教学目标，实现课程实训教学与劳动教育的融合。比如《仓储与配送实务》课程实训内容包括入库、出库、包装、拣选、理货岗位实操，学生在学习这些岗位技能过程中，需要有吃苦耐劳精神、踏实肯干和精益求精的职业精神，在课程的专业实践过程中，教师首先明确专业劳动教育目标，将专业实习实训作为劳动教育的载体，开展与专业相关的劳动教育活动，在专业实习实训过程中让学生亲身体验劳动，亲身实践企业岗位操作，让学生在动脑、动手、动心实践过程中提升专业技能，浸润式引导学生尊重与崇尚劳动，教育学生懂得劳动的崇高与伟大的道理，让学生体会劳动最美的情感，培养正确的劳动价值观。与此同时，教师在开展实训教学过程中，通过亲身体验、以身示范，专业教师实践技能和创造性劳动的能力得到提升，还能引领学生提高劳动素养。此外，教师在课程结束后，进行实训总结，引领学生交流劳动体会和劳动感触，将劳动教育与专业知识、实践能力、思政教育有机融合，对学生进行劳动精神培养的思想政治教育，培养学生的劳动精神和工匠精神。

五、建设专业实训型劳动基地课程群

突出高职院校特色，以劳动教育与专业知识、实践能力、思政教育有机融合为目标，构建企业文化体验、职业素养培养、生产岗位实践、职业发展探索为主题的四大专业实训型劳动基地课程群。通过打造课程思政教学共同体，将课程思政与以劳动精神、劳模精神、工匠精神为核心的职业素养教育有机融合，彰显职业教育课程思政的活力和亮点。培养德智体美劳全面发展的高素质复合型技术技能人才、能工巧匠、大国工匠。实现劳动教育与校内外实训基地课程融通、基地融通、文化融通和实践融通。

（一）企业文化体验基地课程群建设思路

将学生带入企业中，在该基地开设专业认知、认知实践、企业跟岗等课程。此类课程可以通过开设讲座或学生体验互动课等形式开设，由企业主管或企业导师担任主讲教师，校内教师辅助完成。通过开设认知和体验跟岗类课程，目的是让学生首先对企业进行初步的了解与认知，在企业导师和校内教师讲授课程的同时，让学生通过在企业身临其境地感受与认知，亲身感受企业工作的环境与工作的氛围，在感知体验的同时，逐步深入地了解企业背景，熟悉企业工作性质，认知企业文化，感受企业魅力精髓，在对企业进行了全面全方位的认知后，学生才能对企业有了初步的认可，激发学生作为员工的使命感、归属感、责任感、荣誉感和成就感，以后在该企业开展职业素质培养和岗位技能训练等课程才有了基础，否则学生不了解企业，不认可企业，难以进行后续课程的开展。

（二）物流职业素养培养基地课程群建设思路

以物流职业素养培养基地为例。基地可以开设现代物流基础、市场营销、客户关系管理、电子商务基础、物流成本与控制管理、物流业务函电、智能仓大数据分析、国际贸易管理实务、进出口单证实训等物流专业基础课程。通过专业课程教学活动，传授学生劳动法律法规与安全防护知识的同时，对学生进行劳动精神的塑造，引导学生尊重与崇尚劳动，教育学生懂得劳动的崇高与伟大，理解劳动最光荣的道理。

校内劳动教育实践基地以校内实训室及天津滨海顺丰产业学院、国商智慧物流学院的产教融合型实训室为载体，校企共建劳动教育实践基地。该基地将劳动教育与专业的实习实训教学相融合，并将劳动教育融入学生职业技能竞赛训练、科技文化作品展备展、学生专业社团活动和产教融合型实训基地的企业运营过程中，加强学生对于生产劳动的认知、生产劳动观念的培养、生产劳动技能的传授、生产劳动习惯的养成，引导学生崇尚劳动的精神实质，培养学生创造性地在劳动实践中发现问题、解决问题的能力，德技并修、知行合一。

（三）物流行业生产岗位实践培养基地课程群建设思路

物流行业生产岗位实践培养基地通过开设实训环节为主的智能物流设备应用与管理、仓储与配送实务、采购与供应链管理实务、运输管理实务、集装箱运输与多式联运、生产企业ERP管理实训等物流管理专业核心以实训为主的课程，通过课程教学让学生亲身实践企业的岗位操作，培养学生的劳动精神和工匠精神，使学生将职业幸福感内化于心，将劳动作为谋生和服务社会的手段，让学生在动脑、动手、动心过程中提升劳动素养，提高创造性劳动的能力。

我们以天津滨海职业学院为例，菜鸟网络科技有限公司作为天津滨海职业学院校外劳动教育实践基地代表。该基地以生产过程为场景，以教学过程实践性为前提、以学生参与主体性为核心、以课程组织动态性为关键。通过在该基地开展仓储与配送环节的专业实习实训，将实现劳动教育与劳动教育实践基地的课程融通、基地融通、文化融通和实践融通，培养学生的劳动精神和工匠精神，使学生将职业幸福感内化于心，将劳动作为谋生和服务社会的手段，确立学生正确的职业观、就业观和劳动观，从而树立正确的世界观、人生观、价值观。

（四）职业发展探索基地课程群建设思路

职业发展探索基地全部在校外开设，开设系列岗位实习课程，此类课程主讲教师可以是有企业实践经验的校内专业教师完成，结合校内创新创业课程、专业技能大赛、创新创业大赛等，培养学生探究职业发展，进行职业生涯规划的能力。通过课程教学使学生职业能力得到提升的同时，具备新时代劳动观，确立正确的职业观、就业观，从而使学生树立正确的世界观、人生观、价值观。

六、建立科学有效的劳动教育课程评价体系

建立科学有效的课程评价体系与评价机制，将在专业实训型劳动基地进行的专业实践劳动一起列入劳动课程实践清单内。采用学生个人劳动清单学时累计制，要求学生客观记录所完成的劳动相关教育讲座和劳动实践内容，所记录的内容在"学生个人劳动清单"中体现出学生自我学时累计情况。为确保学生记录真实可靠，实训型劳动基地教师与任课教师联合进行评价和确认劳动过程与成果的方式，进行劳动课程评价，最终给出该门课程成绩。

为树立劳动典型，学期课程结束后，可以对评价为优秀的学生进行表彰，评选出"劳动标兵""劳动能手"，发放荣誉证书并进行表彰，记录在"学生个人劳动清单"内，形成崇尚劳动的氛围。劳动教育课程评价结果将成为评价学生全面发展的重要参考，学生评优评先的参考条件，学生毕业依据以及高一级学院录取也会将评价结果作为重要的参考条件。

第五节　勤工助学劳动教育实践活动开发

一、勤工助学与国家资助政策

高职院校资助政策是国家为优化教育结构，保障教育公平，促进教育机会均等采取的有效手段，与科教兴国和人才强国战略紧密相关。目前中国已经形成了"奖、助、贷、勤、免、补"六位一体的混合资助多元体系，经过多年的发展，高职院校资助政策从以家庭经济困难生为主体，扩展到覆盖所有学生的多层次资助体系，学生也从被动受助逐渐变化为主动参与。其中，勤工助学作为高职院校助学资助政策的重要组成部分。1998年，勤工助学被写入《高等教育法》，在之后的高等教育政策设定过程中，勤工助学一直是高职院校资助政策不可或缺的部分。从帮助家庭经济困难学生完成学业为开端，逐渐发展成为针对全国高职院校范围内所有学生的实践活动，其作用范围和实际影响力的扩大，正体现了勤工助学对帮助学生完成学业和发展的重要功能和价值。

勤工助学中的"勤工"指进行劳动，"助学"有资助学习和帮助学习的意识。家庭经济困难的学生通过自己的劳动取得经济收入而资助了自己的学习，持续的经济来源不仅改善了学生的学习和生活条件，还增强了学生的自信，达到帮助学习的目的。故开设勤工助学课，一方面是解决家庭经济困难学生生活中的困难。另一方面是培养增强学生社会实践能力，提高学生综合素质。

二、勤工助学的目的

勤工助学的功能不仅仅是在于"助"，更多的是在"学"，其最本质的意义在于"育人"。

（1）在学校或企业为家庭经济相对困难学生在课余时间，通过劳动取得合法报酬，用于改善学习和生活条件。

（2）培养大学生的社会责任感，担负起学生综合素质培养的重要使命。在实现中国梦的伟大征程中，当代大学生承担着不可推卸的使命和责任，他们的整体素质将直接影响到中国梦的实现。大学时期是青年发展的黄金阶段，在这段时期里不断寻求适当的载体加深大学生责任感的培育，有助于高职院校大学生养成责任品质，实现全面发展。以高职院校勤工助学为载体进行大学生责任感培育，可以给大学生提供最现实、最直接的锻炼机会，使大学生通过这样特殊的过程来内化社会规范，在勤工助学这样的真实环境下经过有效的训练，再到真正的社会中成为富于责任感，能够践行中国梦的青年群体。

三、活动目标

（1）通过课余时间的劳动取得合法报酬，改善学习和生活条件。

（2）培养大学生的社会责任感。通过参加学校勤工助学活动，让大学生接受锻炼，磨练意志。在工作中能动性地接受影响和教育，培养社会责任感。

（3）提升大学生的综合素质，提高就业竞争力。大学生毕业后面临的首要挑战是就业，用工单位考虑的不仅是应聘者的学历和技能，更多是考察其综合素质和责任意识。在大学期间，专业学习固然重要，品质和能力的培养却是确定个人成败的关键因素。有效地发挥勤工助学在实践育人方面的功能有助于培养富于责任感的大学生，从而间接指引当代大学生的就业发展。

四、勤工助学岗位内容

学生勤工助学活动由学生处统一管理。设有勤工助学岗位的学校内部各部门相互协调，并配合学生处开展工作，更好地为教学、科研工作服务。学校其他任何部门、单位和个人均不得以学校的名义针对校内外开展任何形式的勤工助学活动。

（一）勤工助学工作范围及岗位设定

学生从事勤工助学的工作范围：

（1）教育、教学辅助工作；

（2）管理辅助工作——机关服务、教室管理、学生宿舍管理、图书馆管理、实验室管理等；

（3）卫生保洁工作；

（4）文化服务工作；

（5）后勤服务工作；

（6）校外以家教、产品促销、饮食服务等有偿劳动为主的社会服务；

（7）其他工作。

勤工助学岗位设定需设立勤工助学岗位的校内各部门（下称"用人单位"），应填写登记表，送交学生处，学生处对其用工项目进行审定，并报分管校长批准后告知学生。

（二）申请勤工助学的条件及程序

申请勤工助学岗位的要求我校全日制在校生，具体条件如下：

（1）家庭经济困难学生优先；

（2）遵纪守法，品行端正；

（3）学习努力，上学期成绩全部合格；

（4）生活俭朴，不抽烟、不酗酒；

（5）热爱劳动，身体健康。

勤工助学活动的申请程序：

申请勤工助学的学生应于学期初向学校提出申请，填写《东莞职业技术学院学生勤工助学申请表》，说明家庭经济情况，申请原因及对勤工助学岗位性质、条件的要求。由二级学院填写推荐意见后报学生处。经审查合格后，学生可持申请表复印件与用人单位联系，按照用人单位的有关规定上岗。

（三）勤工助学的经费保障及发放

勤工助学的经费由学校统筹安排。长期固定岗位的劳动报酬一般由用工单位、学生处根据劳动强度、技术难度、劳动时间协商确定每月酬金，勤工助学每小时酬金原则上不低于18.1元（根据当地最低工资标准变化），每周工作时间不超过8小时，单岗位每月不超过32小时，双岗位每月不超过40小时，按月审核发放。

五、活动案例

图书馆勤工助学工作让学校图书馆和学生相互受益，实现双赢；勤工助学帮助家庭经济困难学生缓解了经济压力并得到锻炼，同时又弥补了图书馆工作人员不足的短板，且有利于图书馆与读者之间的沟通。该工作发挥了大学生的人才优势、激发学生学习动力、培养学生吃苦和奉献精神、促进学生人际交往能力。对开发图书馆人力资源、发现并满足用户需求、开展有针对性的活动、创新服务模式及提升服务水平具有重要的意义。

对高职院校图书馆工作的现状和问题的分析，解决方案的探讨，是图书馆勤工助学工作的重点。例如，图书馆勤工助学的学生稳定性不够，图书馆存在一些管理不规范、个别馆员惰性的问题，如果在规范招募程序、设立岗前培训、工作人员模范作用、采用激励机制等多方面努力，能够很好地提高图书馆勤工助学工作的效率。

六、课程评价

具体见表2-8。

表2-8　勤工助学工作评价表

项目	内容	具体指标	分值	评分
勤工助学活动实施评价	课程开发的意义（10分）	结合学校办学理念，彰显学校特色，能促进学生实践技能的提升，提高学生综合素养	10	
	课程内容（25分）	课程内容安排合理，依据学生的发展循序渐进，突出对学生综合实践能力的培养	25	
	课程评价（5分）	评价可操作性强，方法科学，具有激励性	5	
	指导思想（10分）	课程体现学生的实践与探究，以学生为主的教学原则，课程实施中重视德育渗透和情感熏陶	10	
	教学过程（30分）	提前制定教学计划，安排教学进度，设计贴近学生生活的劳动实践内容	6	
		教学方法灵活，目标明确，重点和难点的设置有新意，具有时代性，且效果好	6	
		课堂与实践活动组织有序，具有启发性，能够发挥学生的主动性、积极性、责任心	6	
		能面向全体学生，因材施教，学生参与度高，整体效果好	6	
		亲历实际的劳动过程，善于观察思考，注重运用所掌握的劳动技能解决实际问题	6	

续表

项目	内容	具体指标	分值	评分
勤工助学活动实施评价	实施成果（20分）	能激发并维持学生对工作的兴趣，学生掌握劳动技能情况较好，乐于参与勤工助学工作	10	
		能强化学生的工作观念，养成良好的工作习惯与品质，弘扬劳动精神，增强服务意识	10	
综合评价	等级分数	优秀：90分以上；良好：80~89分；合格：60~79分；待努力：60分以下	100	

勤工助学学生评价表见表2-9。

表2-9　勤工助学学生评价表

学院：　　　　　　班级：　　　　　　姓名：

评价要素	评价标准	过程性评价		
		自评	师评	他评
基本条件	热爱祖国，拥护中国共产党领导。遵守国家和学校法律法规。自觉遵守学校制定的有关勤工助学各项管理规定，服从用工单位的工作安排			
工作态度	品质优良、态度端正，按照要求参加勤工助学培训，认真工作，能起到表率作用			
工作过程	依时守时，责任心强，积极主动，吃苦耐劳，能如实登记劳动时间			
工作成效	工作能力较强，能较为出色地完成用工单位交办的工作			
服务时长	能够根据规划的实践时长坚持到底			
总评				

请在表格里填写：优秀、良好、合格。各项累计在10个"优秀"以上，总评为"优秀"；6~9个"优秀"，总评为"良好"；6个"优秀"以下，总评为"合格"。

第六节　创新创业课程开发

一、课程背景

2014年9月的夏季达沃斯论坛上，李克强总理发出"大众创业，万众创新"的号召，要在中国掀起"大众创业""草根创业"的新浪潮，形成"万众创新""人人创新"的新态势。

创新是引领发展的第一动力。党的二十大报告进一步明确了坚持创新在我国现代化建设全局中的核心地位，标志着创新驱动在新时代中国发展的征程上将发挥越来越显著的战略支撑作用。新时代中国发展进入新阶段，加快实施创新驱动发展战略，不断丰富中国制造、中国智造的内涵，从而为中国持续发展注入新动力。

积极、活跃的大学生创业有利于促进科技创新，缓解就业压力。大学生创业在全球经济发展中逐渐扮演起重要的角色，越来越多的大学生渴望得到各方面的发展。以创新创业教育主题开展劳动教育，要重构劳动教育课程体系，融入日常生活、生产劳务、创客等劳动内容。创新创业课程是必修课，是各门类专业教育的有机构成，为后继相关课程的学习奠定知识基础和实践经验。通过创新创业基础理论的学习，学生可掌握创新创业的基本知识，培育创新创业意识。本课程是各专业知识学习的后续课程，通过将专业知识和创新创业能力结合起来，提高学生在专业领域的创新创业能力。通过课程学习，学生可在参加创新创业大赛时具有一定的理论基础和应用能力。

二、课程理念

创新创业课程以体验劳动创造美丽、劳动创造知识财富、劳动创造荣誉目标为出发点，目标是使学生获得积极的劳动体验，全面提高劳动素养。课程的开发和实施遵循以下基本理念：

1. 课程即生活实践

在具体教育实践中，劳动教育可以与各种教育整合，渗透到各学科领域，以达到全面育人的目的。创新创业强调"做中学"，在实践属性上与劳动教育高度契合。从学生的真实生活和需要出发，在生活情境中发现问题，并将之转化为活动主题。

2. 课程即资源融合

融合各学科知识、课程资源与学习方法，提升学生综合应用各类知识观察、分析、思考、解决问题的能力，以及重新建构思维和融会贯通的能力。例如，"无土栽培"课程融合多学科知识，充分利用各种校内外资源，采用讲授法、示范法、练习法、实验法、参观法、反思交流法、榜样示范法等多种学习方法，组织学生进行无土栽培装置的设计与制作。

3. 课程即创新启迪

学生在探究、体验、制作、反思、交流、改进的实践劳动过程中，激发灵感，启迪劳动创新思维，获得成长，创造与改造生活。如学生在"无土栽培"课程中，在创意新颖、结构合理、造型美观以及体现智能化等方面发挥聪明才智，创造独一无二的无土栽培装置。将反思、交流与改进结合起来，使学生在劳动中获得成长。

4. 课程即丰富经历

课程设计以学生已有经验为基础，课程实施强调学生亲历劳动过程，通过实践活动促进学生新经验的获得与形成。以"创造性劳动"为要素强化教育体验，充分挖掘马克思主义劳动观内涵，探索适合不同高职院校特色的融合发展路径。重视劳动教育过程中创新思维和创造能力的培育，促进专业知识、劳动教育、创新创业教育协同发展，引导学生利用新知识、新技术来创造性地解决实际问题，涵养劳动精神，提高劳动效率。

5. 劳动最伟大

在创造性劳动中，伴随着空前活跃的"互联网+"等现代科技创新，人类社会全面步入人工智能和信息化时代，"劳动"被赋予全新内涵，创造性劳动正在成为新时代劳动教育的重要理念。这也是高职院校劳动教育区别于中小学劳动教育的重要特征。

三、课程目标

1. 在创造性劳动实践中，培育综合性、创新性劳动能力

劳动除了具有天然的实践属性外，还是一项综合性实践活动。在创新创业

教育中开展创造性劳动，全面打造创新创业的组织体系、教学体系和实践体系，在创造性劳动中使学生树立正确的劳动观念、掌握必备的劳动能力、培育积极的劳动精神，不断促进学生的自我实现及主体发展。通过创新基本知识的学习、创新技法的学习，学生可了解创新途径，掌握基本创新方法，加强对实际问题的分析、解决的应用能力。

2. 在创造性劳动实践中，培养创新心智模式和创新思维模式

理解创新智能时代下的创新思维，有能力把创新能力转化为创业项目。掌握基本创新思维方法及其应用，进而实现思维在方法上的创新和创造活动中的创新。能够分析评价工程实践和工程方案对社会、健康、安全、法律以及文化方面的影响；能够理解和评价行业相关技术对可持续发展的影响。

3. 在创造性劳动实践中，培养解决问题的能力和团队合作精神

提升学生的自主创新能力和解决问题的能力，培养学生对开展创新活动的浓厚兴趣和自我实践能力，能够理解多学科背景下的团队中个体与团队的关系，理解工程活动中涉及的重要经济与管理因素。

4. 在创造性劳动实践中，培育积极的劳动理念

创新创业是学生将所学知识、技能付诸劳动实践的创造性活动。新时代创新创业教育的内涵和形式非常丰富，处处渗透着创新、创业、创造，不仅强调学生的能力培养，更注重精神塑造和价值引领。结合创新创业开展劳动教育，将劳动教育理念全面融入创新创业活动，实现创新创业教育、劳动教育协同推进，符合新时代创造性劳动的典型特征。

四、课程内容

创新创业劳动教育课程，主要包括设计类、制作类、创造类三大方面，有"无土栽培""自制宠物屋""自制护目镜""智能方程式赛车""自制护手""自制口红"等课程。创新创业劳动教育课程采用STEAM项目式学习方法融合多学科知识，以技术为重要载体，全面提高学生劳动素养，使学生树立正确劳动观念，具有必备的劳动能力、培育积极的劳动精神、养成良好的劳动习惯和品质。

以东莞职业技术学院为例，考虑学生的学习兴趣和发展需求，学校按照年级水平对课程内容进行系统建构，创新创业劳动教育课程内容规划见表2-10。

表2-10　创新创业劳动课程活动表

年级	学期	活动内容	活动目标	课时安排	活动形式
大一	上学期	无土栽培	积极参加实践创新活动，拓展知识领域，体验和感受知识与生活的链接，增长生活经验，培养学生的创新精神和劳动能力	基地14课时	校内校外相结合
	下学期	自制花灯		校内8课时	校内
大二	上学期	自制护目镜	在实践活动中善于观察和思考，勤于动手，勇于实践，增强探究和创新意识。发展综合运用知识的能力，在创新劳动领域有初步的体验，培养不怕挫折的劳动精神和创客精神	校外14课时	校内
	下学期	创客空间		校内和基地	校内校外相结合
大三	上学期	智能方程式赛车	在实践操作的基础上，提高学生发现问题、分析问题、独立解决问题的能力。发展学生思辨能力及个性化探究能力，在劳动创新领域有自己的作品和成果。依托"互联网＋"平台，引导学生在劳动实践中创造性地解决问题，深刻认识新时代劳动的脑力化趋势与创造性本质，促进学生德智体美劳全面发展	校内16课时	校内
	下学期	参加"互联网＋挑战杯"等创新创业大赛		校内和校外20课时	校内校外相结合

五、课程实施要素

创新创业劳动教育课程旨在突出创新、奉献为劳动精神，注重以劳育人，采用项目式学习方法，利用各种资源进行项目实践，课程内容紧跟时代步伐，激发学生创新能力，充分发挥劳动过程和结果评价的激励作用，充分调动广大学生参与劳动的热情。课程实施要素为以劳育人、项目渗透设计创新、评价激励。

1. 以劳育人

创新创业劳动教育课程重在培养学生的创新精神，将创新理论与劳动实践相结合，重视学生思想教育，打造知行合一的教育新模式。将以劳育人融入立德树人的全过程，创新劳动教育形态，注重工匠精神培育和职业道德养成，促进学生的全面发展。

2. 课程育人

课程采用STEAM项目式学习方法，融合各学科知识与学习方法，学生完成真实、综合任务，经历完整的劳动过程。以对项目实践进行整体构思，综合运用所学知识、技术不断优化设计项目式学习的路径。通过项目式学习，获得材料认识、工具运用、操作程序、技术要领的知识和能力，还可以通过项目引导学生进行评价以及作品展示，让学生像科学家那样思考问题，像工程师那样解决问题。

3. 设计创新

课程依托"互联网＋"创新创业大赛，紧跟科技发展和产业变革，准确把握新时代劳动工具劳动技术、劳动形态的新变化，将劳动教育与创客教育相融合，创新劳动内容、途径、方式，注重发挥学生的主观能动性，鼓励学生尝试新方法，打破僵化思维，推陈出新。

4. 评价激励

坚持学生成长导向，让学生及时获得关于学习过程的反思，改进后续活动。指导学生客观记录参与活动情况，收集相关过程性材料，如现场照片、活动视频、实物作品、观察记录等，并鼓励多种形式的作品呈现与交流，如绘画、摄影、论文、戏剧与表演等。以自评、同伴、家长、社会评价相结合的方式，对劳动观念、劳动能力、劳动精神和品质等劳动素养发展状况进行综合评定，如评选"劳动之星"等，充分调动广大学生参与劳动的热情。

六、活动案例

创客空间建设

（一）活动目标

（1）了解创新创业的方法。

（2）体会劳动的辛劳，体验劳动创造带来的快乐，提前思考自己的职业规划。

（二）楷模故事

生于1918年的张秉贵，是土生土长的北京人。他曾是北京市百货大楼的糖果柜台售货员。工作中他尽职尽责，严于律己，以饱满的"为人民服务"的热情，成为新中国商业战线上一面亮丽旗帜。

入职北京百货大楼五年后，因工作调整，张秉贵由糕点柜台调至糖果柜台。作为当时全国最大商业中心，北京市百货大楼人流密集，顾客众多，又因物资相对匮乏，排长队是司空见惯的事。为缓解这种状况，更好地服务顾客，张秉贵苦练售货技术和心算法，练就了"一抓准""一口清"技艺。前者指一把就能抓准分量，后者则指一开口就能说清价格。在长期接待顾客的过程中，他提出了一种提高工作效率、提升服务品质的工作方法——接一问二联系三。具体指接待第一位顾客，同时了解第二位顾客的需求，与第三位顾客打好招呼，做好准备。为了精通糖果的相关知识，他还经常利用休息日前往工厂、医院和研究单位深入学习。

晚年，他仍步履不歇，辗转全国各地，只为将自己"一团火"的服务经验传授给每一位同行。"燕京第九景"，是北京人民对张秉贵售货艺术的高度赞誉，他当之无愧。

（三）想一想

（1）从张秉贵的故事中，我们学到了什么？

（2）请从现实生活中举出一个"技艺精湛"的典型事例。

（四）劳动体验

具体见表2-11。

表2-11 创新创业劳动课程创客供方建设表格

创客工坊建设	
活动时间	年 月 日
活动地点	
活动准备	1. 根据创客项目准备材料，包括墙面设计、陈列所需的柜子、完成本项目的设备等 2. 把教室设置成4个区域，每个区域由10～15位同学负责

续表

创客工坊建设		
创客工坊功能区设置	学习生活区	创客工坊（如机器人创客工坊）的学习活动区主要供编程学习使用，包含计算机及配套软、硬件设备，目的是让同学们通过对程序设计基础知识的学习，培养编程思维和能力
	创意展示区	创客工坊的创意展示区是一个休闲、放松的区域，摆放有展示创客作品的展示柜，并设计多个创意讨论区
	材料加工区	创意展示区通过展示学生自己的创客作品，增强学生的成就感和自信心。创客工坊的材料加工区拥有各种加工工具和制作材料，学生可以自由利用相应材料并使用加工工具，了解加工制造的程序。同时允许学生把自己的创意想法在材料加工区制成可以展示的作品，从而达到培养学生成就感和自信心的目的
	扩展衍生区	创客工坊的扩展衍生区主要展示机器人、无人机智能设备或学校特色教学内容等。同时，能力强的学生也可以有一个独立的空间，进行机器人探究学习与智能设备开发等
活动过程		1. 学生根据小组的定位，选择一个项目进行规划 2. 团队根据方案及本校实际情况逐项进行落实，反复调整，以使作品美观、耐用 3. 在项目工作落实后咨询指导教师，完善方案
活动安全		1. 正确使用相关的劳动工具，使用工具时要注意安全 2. 使用电器时注意勿乱拉乱拆电线、电源线、电缆线等

（五）填一填

通过本次劳动体验，我的感悟是：

_____ 。

（六）学习探究

1. 创新创业大赛

当前主流的赛事有"互联网+""挑战杯""创青春"等，创业大赛为学生创业提供了机会和舞台。通过这些平台，学生可熟悉创业程序，储备创业知识、积累创业经验。接触和了解社会。这个阶段算是项目的实战检验。

2. 网络创业

网络创业利用现成的网络资源，在网上注册成立网络店铺或者网上加盟店。网络创业门槛成本少、风险小，方式灵活。

3. 加盟连锁店创业

这种创业的特点是利益分享，风险共担。创业之初只需要支付一定的加盟费，就能借用加盟商的金字招牌，并利用现成的商品和市场资源，还能长期得到专业指导和配套服务。

4. 实战创业项目

学校的创业孵化器及社会上的众创空间、创业加速器等这些空间为实战的创业项目提供办公及各类资源服务支持，为创业项目的进一步发展提供全方位服务。这个阶段是项目进行升级壮大的时期。

5. 合作创业（团队创业）

合作创业（团队创业）在各个方面能够优势互补，相对而言，其成功率高于个人独自创业。

（七）议一议

通过参与创新创业劳动实践活动，我体会最深刻的是：

_____。

（八）总结反思

完成表2-12。

表2-12　创新创业劳动课程活动总结

活动总结	
我的收获	
我的不足	
改进措施	

七、课程评价

具体见表2-13、表2-14。

表2-13　创新创业劳动教育课程评价表

项目	内容	具体指标	分值	评分
劳动课程实施评价	课程开发的意义（10分）	结合学校办学理念，彰显学校特色，能促进学生劳动技能的提升，提高学生综合素养	10	
	目标定位（15分）	目标明确清晰，知识、能力、情感目标齐全	10	
		技能的掌握与劳动实践相结合	5	
	课程内容（10分）	课程内容安排合理，依据学生的发展循序渐进，突出对学生综合实践能力的培养	10	
	课程评价（5分）	评价可操作性强，方法科学，具有激励性	5	
	指导思想（10分）	课程体现学生的实践与探究，以学生为主的教学原则，课程实施中重视德育渗透和情感熏陶	10	
劳动课程教学过程评价	教学过程（30分）	提前制定教学计划，安排教学进度，设计贴近学生生活的劳动实践内容	6	
		教学方法灵活，目标明确，重点和难点的设置有新意，具有时代性，且效果好	6	
		课堂与实践活动组织有序，具有启发性，能够发挥学生的主动性、积极性，创新、创造	6	
		能面向全体学生，因材施教，学生参与度高，整体效果好	6	
		亲历实际的劳动过程，善于观察思考，注重运用所掌握的劳动技能解决实际问题	6	
	实施成果（20分）	能激发并维持学生对劳动的兴趣，学生掌握劳动技能情况较好，乐于参与劳动实践	10	
		能强化学生的劳动观念，学生养成良好的劳动习惯与品质，弘扬劳动精神，增强服务意识	10	
综合评价	等级分数	优秀：90分以上；良好：80～89分；合格：60～79分；待努力：60分以下	100	

表2-14　创新创业劳动教育创客工坊建设评价表

创客工坊名称：

学院：　　　　　　班级：　　　　　　姓名：

评价内容	自评	组评
创意新颖，奇思妙想		
创意在未来实现性强		
创意实用，解决现实需要		
创意思路清晰，展示说明形象生动		
总评		

评价说明：7~8个"优秀"为"优秀"；5~6个"良好"为"良好"；4个及以上"继续努力"为"继续努力"。

第七节　社会实践课程开发

一、课程背景

学校积极将大国工匠精神和优秀的劳动模范精神融入劳动教育的文化育人实践中，通过多种形式促进学生劳动精神的培养，营造"劳动最光荣""劳动最伟大"的文化氛围，积极打造具有劳动文化特色的品牌活动，凝聚学校各方面的资源，联结学校与社会资源，推动劳动教育走实走心。

学校利用寒暑假组织学生开展丰富多彩的社会实践活动。鼓励大学一年级、二年级学生走进企业、参观企业、感受企业，将课堂教育与劳动教育相结合，将第一课堂与第二课堂相结合；鼓励大三学生积极参加"三下乡""实岗挂职"等社会实践活动，参与以劳动为主题的各类社会调查活动，鼓励毕业生选择基层就业。通过对大学生开展有针对性、有目的性、有组织性的劳动实践活动，达到劳动教育全员参与、全程培育、全方位联动的效果。

二、课程理念

1. 课程即重塑

学生将经历"我爱、我思、我做、我创"的系列体验和劳动过程，认识劳动教育的意义和价值，重塑价值观，丰富生命。

2. 课程即经历

各个真实劳动情景的创设皆为学生提供真正的、独特的、不可重现的劳动生活，丰富学生的情感世界，形成每个个体对劳动的独特认知。在经历系列劳动过程中体验劳动知识，掌握劳动技能和劳动方法，强化学生在社会生活中创造性解决问题的意识和责任担当。

3. 课程即发展

通过该课程，引导每一个生命个体从学校走向社会，从书本走向生活，从间接经验走向直接体验，体验劳动的辛苦，感受工匠精神在劳动中锤炼自我，强健体魄，发展身心。

三、课程目标

1. 建立"三全育人"的劳动教育格局

明确全员育人的主体责任担当，加强劳动育人的全过程管理，加强育人各环节、各要素的全面利用和多方整合，促进劳动教育与社会实践的有效融合，形成"社会实践+劳动育人"的全方位育人格局，以社会实践为载体，切实发挥劳动育人的作用。

2. 构建层次明确的劳动实践内容体系

结合不同学科、不同专业、不同年级的学生特点，制定学生所需的劳动教育实践方案。对于大学一年级学生，劳动教育社会实践侧重于校园公益劳动、志愿服务、勤工助学等，引导学生积极参与学校组织的各项劳动服务，增强自主劳动的能力；对于大学二年级学生，将第一课堂与第二课堂有机融合，帮助学生形成对专业发展的理性认识，增强专业自信心，加强为社会服务的感情；对于大学三年级学生，结合专业开展社会实践和调研，提高社会调查能力、科研能力；对于大学四年级学生，注重就业实习实践，明确就业方向，鼓励学生到基层就业。

3. 创造具有"社会实践+劳动育人"特色的校园文化

邀请专家、杰出社会工作者、劳动模范、优秀校友等代表，结合自身的学习、工作经历，以研讨会、沙龙、主题讲座等形式开展劳动素养宣讲，诠释劳动精神、工匠精神、劳模精神；结合社会实践先进个人和先进集体表彰活动，表彰教师和学生群体中的劳动模范，营造"劳动最光荣"的校园文化氛围；成立大学生劳动教育团体，定期举办劳动教育主题辩论赛、学术沙龙、志愿服务活动等，在校园中营造良好的劳动教育氛围。

四、课程内容规划

具体见表2-15。

表2-15　社会实践劳动课程活动表

年级	学期	活动内容	活动目标	课时安排	活动形式
大一	第一学期	大国工匠	邀请专家、杰出的社会工作者、劳动模范代表、优秀校友代表结合自身的学习、工作经历，以研讨会、沙龙、主题讲座等形式开展劳动宣讲，诠释	校内10课时	校内
	第二学期	学雷锋志愿服务活动	劳动精神、工匠精神、劳模精神；结合社会实践先进个人和先进集体表彰活动，表彰教师和学生群体中涌现出的劳动模范，营造"劳动最光荣"的校园文化氛围。通过参加学雷锋志愿服务，感受为他人和社会服务的奉献精神	校外8课时	校内校外相结合
大二	第一学期	职场沙龙	通过寒暑期"三下乡"社会实践活动，同学们寻访红色足迹、创业就业、社会调研、专业实习等社会实践项目。学校结合德智体美劳全面发展的新时代人才培养要求，把劳动社会实践看作劳动教育的重要环节，组织学生充分利用实践平台，深入基层，融入社会，加强实践动手能力，强化学生的社会责任感和服务担当意识，帮助学生树立正确的劳动价值观，达到劳动实践育人的培养目的	校外14课时	校内
	第二学期	"返家乡"、寒暑假"三下乡"社会实践活动		校内和基地	校内校外相结合

续表

年级	学期	活动内容	活动目标	课时安排	活动形式
大三	第一学期	实践基地考察	整合实践资源，扩大实践平台，依托高新技术开发区、大学科技园、城市社区、农村乡镇、工矿企业、爱国主义教育场所等，建立多种形式的社会实践、创业实习基地。结合大学生的成长发展需要和社会实际需要，加强学校和社会资源的联系，开发社会实践平台，鼓励学生走出校门、走向企业、走向社区、走向基层、走向农村、走向工厂，在社会的生动实践中受教育、增知识、长才干	校内16课时	校内
	第二学期	参加顶岗实习、西部计划、"三支一扶"等		校内和校外20课时	校内校外相结合

五、课程实施要素

1. 将劳动教育与社会实践充分融合

学校积极结合大国的匠人精神和优秀的劳动模范精神融入劳动教育的文化育人实践中，通过多种形式促进学生劳动精神的培养，营造"劳动最光荣""劳动最伟大"的文化氛围，积极打造具有劳动文化特色的品牌活动，凝聚学校各方面的资源，联结学校与社会资源，推动劳动教育走实走心。对大学生开展有针对性、有目的性、有组织性的劳动实践活动，达到劳动教育全员参与、全程培育、全方位联动的效果。

2. 在社会实践中彰显劳动育人价值

学校的社会实践活动类型主要分为公益服务型、社会调查型、就业创业型、勤工助学型和文化科技型。学校围绕"培养德智体美劳全面发展的时代新人"的主题，不断深化劳动教育的实践活动，高度重视劳动教育的实践，把劳动社会实践看作劳动教育的重要环节，组织学生充分利用实战平台，深入基层，融入社会，加强实践动手能力，强化学生的社会责任感和服务担当意识，帮助学生树立正确的劳动价值观，达到劳动实践育人的培养目的。

3. 实现社会实践与理论研究的融合

依托"全过程育人"理念，在全校范围内开设劳动教育相关课程并积极创新课程体系，完善教学计划，充分利用第一课堂与第二课堂的育人平台，实现课内课外的有机衔接，同时通过线上线下、翻转课堂、微课等形式促进劳动教育的教学和实践，将劳动教育的课堂理论教学与课后实践教学相结合，将劳动教育的理论与实践相结合。鼓励教师积极开展劳动教育相关课题研究，在劳动课程教学、实践管理、团队建设等方面提供劳动教育保障，探索建立教师全员全过程参与的劳动教育培养体系。

六、活动案例

"把我的大学带回母校"寒假社会实践活动

（一）活动背景

为展现东莞职业技术学院学子的优良风貌，发挥好毕业生与母校的纽带联系作用，积极开展寒假社会实践活动，学生利用假期回到毕业高中或中职学校开展"把我的大学带回母校"招生宣传活动，与母校分享自己的大学生活、介绍学校特色，展现良好的优学作风，同时给学子一个与母校面对面交流、表达感恩之情的机会。

（二）活动主题

把我的大学带回母校。

（三）活动内容

学生以团队为单位回到毕业高中或中职学校进行宣传，介绍学校特色、人才培养的目标以及未来学业就业的方向，为母校的学弟学妹解惑。同时回馈母校，表达对母校的感恩之情，展现母校毕业生的优良素质与责任担当。

（四）活动安排

1. 报名方式

（1）自主报名。报名学生可在学生处网站下载"个人报名表"或"团队申报表"（附件），填写完成后以"团队名称+团队负责人姓名+联系方式"命名文档和邮件主题，压缩后报送至相关邮箱。

（2）二级学院推荐。各二级学院要组织不少于1支重点团队，填写"个人报名表"和"团队申报表"（附件）后，以"团队名称+团队负责人姓名+联系方式"命名文档和邮件主题报送至相关邮箱。

（3）学校统筹。对于以个人为单位报名的学生，填写"个人报名表"（附件），以"姓名+联系方式"命名文档和邮件主题报送至相关邮箱。学校将根据生源地区进行统筹、组团。

2. 报名条件

（1）自主组团。凡在读生均可报名，团队人数一般为8~10人，选定1名为团队负责人。

（2）二级学院推荐。各二级学院重点推荐宣讲团队，团队成员应为高年级或学业优秀的学生，每支团队人数一般为8~10人，选定1名为团队负责人。

（3）学校统筹。如不能自主组团，可直接上交"个人报名表"，学生处根据报名情况进行统筹、组团。

注：鼓励跨学院、跨专业组队。所有报名团队（团队负责人）或者报名个人都需填写问卷星（点击相关链接或扫二维码）。为提高工作效率，方便后期审核与统筹安排，请确保信息准确。

3. 报名审核

审核学生资料是否符合要求，按同一省市进行分配。

（五）系统培训

符合要求的学生集中进行宣讲培训。招生办专职教师将对审核通过的团队进行培训，帮助学生顺利开展活动。

（1）培训内容：学校简介、招生相关政策、往年优秀团队经验、宣讲活动要求和注意事项、演讲技巧等。

（2）时间地点：具体待通知。

（3）参与人员：团队全体成员。

注：未参加培训的团队，将取消资格。

（六）团队选拔

每个团队都需上交一份策划书（应涵盖活动前期准备、实施计划、宣讲方案、后期总结等相关内容）。由招生专职教师组成评审团，根据团队策划书情况选出重点支持团队名单，并对重点支持团队给予相应经费支持和专业指导。

（七）动员大会（根据实际情况或组织线上完成）

学生处对出发前的学生进行开会动员。

（1）时间地点：1月中旬，地点待通知。

（2）参与人员：各团全体成员。

（3）活动内容：进行活动动员。大会结束后领取活动材料（报考指南、招生简章、宣传视频、招生宣传PPT、宣传海报等）。

（八）宣讲活动

活动时间为2023年1月5日—2月28日，宣传团队前往生源地中学与高中学生进行交流。活动过程中，要通过微信平台"东莞职院招就办"实时发送活动地点、活动照片等信息，作为实践展示评奖的重要参考。

1. 与中学取得联系的方式参考

（1）学生自行联系原毕业班班主任。

（2）学生自行联系高中/中职校办或者教务处工作人员。

2. 招生宣传方式参考

（1）学校宣传视频展示。

（2）招生宣传PPT展示（从自己的大学生活出发，讲述自己的大学经历，从而引申到学校介绍）。

（3）与学生进行现场问答，交流高考经验。

（4）发放招生宣传材料。

（5）利用中学校报或其他媒体扩大宣传范围。

（6）其他（根据宣讲对象不同可进行灵活安排）。

注：鼓励学生自己制作宣传海报、宣传单等宣传材料，也可进行其他短视频创新性宣传。鼓励团队线上线下相结合。

（九）团队成果展示暨优秀队伍颁奖大会

（1）时间地点：3月下旬，地点待通知。

（2）参与人员：全体成员。

（3）活动内容：评选优秀团队，对优秀团队进行颁奖。各队伍之间进行心得分享。

（十）保障机制

1. 经费物资综合保障

通过审批成形的团队，学院为全体参加活动的学生购买意外伤害短期保险。

2. 实践学习资源保障

学校通过"东莞职院招就办"微信平台、招生信息网、招生咨询在线QQ等平台等为参加活动学生提供信息咨询服务，包括学习资源、信息通知、在线答疑、指导咨询等。

3. 活动过程支持保障

为所有实践团队开具介绍信，以便活动顺利开展。活动后，学校将对此次社会实践活动进行评优和表彰，对按期保质完成任务的队伍成员每人加相应的到校学分。

4. 主题活动安全保障

各学院、志愿者要坚持"安全第一"的原则，配合做好安全教育、安全信息报送等工作，要求每名参与学生填写安全责任书，筑牢"安全防线"。

（十一）工作要求

1. 高度重视，加强领导

各二级学院要对本次大学生回母校宣传工作高度重视，将其作为提高招生生源质量的重要工作进行顶层设计，加强领导，确保各项任务落到实处。要根据本通知要求制定本学院的工作方案，并及时推进各阶段工作，做好相关工作信息的传达。发挥学院的组织优势，做好相关的主题活动的组织和咨询工作。

2. 有效引导，讲求实效

各二级学院要扎实做好学生实践组织动员。一是做好对学生的组织动员，特别是对高年级学业优秀学生，要力争动员这类群体学生都参加到此次实践活动中去；二是充分利用学院教师和杰出校友资源，让他们参与团队指导工作；三是精心设计以成果为导向的优秀团队，探索建立特色机制。

3. 落实保障，全程监督

落实学院安排的各项安全、物资、经费的保障工作。各系（单位）要设置安全联络人，对团队开展的外联活动、自制宣传物品严格把关并审批备案，监督学生外出过程，及时处理突发事件并上报。广大学生在实践过程中要增强安全意识，预防意外发生，遇到突发情况沉着应对，及时上报。

4. 提升成果，做好总结

要有意识地总结提升主题活动中的优秀成果，并对其进行包装和转化，尤其要创新宣传载体，扩大优秀成果的育人辐射效应。活动后期，各二级学院一是要协助各团队做好材料收集、评优交流等工作，二是要深入挖掘后期评优交流、经验分享的育人成效，三是做好全年工作经验的总结。

（十二）活动后期上交材料

（1）将电子版材料发送至邮箱。

（2）主要材料：活动登记表、活动照片（不少于5张）、活动汇报PPT、新闻报道及其他材料。

（十三）补贴设置

（1）将视团队实际情况给予适当补贴。

（2）加"到梦空间"社会实践分1分（须按要求完成社会实践总结），发放志愿者服务证书。

七、课程评价

具体见表2-16、表2-17。

表2-16 社会实践劳动教育课程评价表

项目	内容	具体指标	分值	评分
劳动课程实施评价	课程开发的意义（10分）	课程的设立依据《关于全面加强新时代大中小学劳动教育的意见》，结合学校办学理念，彰显学校特色。能促进学生劳动技能的提升，提高学生综合素养	10	
	目标定位（15分）	目标明确清晰，知识、能力、情感目标齐全	10	
		技能的掌握与劳动实践相结合	5	
	课程内容（10分）	课程内容安排合理，依据学生的发展循序渐进，突出对学生综合实践能力的培养	10	
	课程评价（5分）	评价可操作性强，方法科学，具有激励性	5	
劳动课程教学过程评价	指导思想（10分）	课程体现学生的实践与探究，以学生为主的教学原则，课程实施中重视德育渗透和情感熏陶	10	

续表

项目	内容	具体指标	分值	评分
劳动课程教学过程评价	教学过程（30分）	提前制定教学计划，安排教学进度，设计贴近学生生活的劳动实践内容	6	
		教学方法灵活，目标明确，重点和难点的设置有新意，具有时代性，且效果好	6	
		课堂与实践活动组织有序，具有启发性，能够发挥学生的主动性、积极性、创新、创造	6	
		能面向全体学生，因材施教，学生参与度高，整体效果好	6	
		亲历实际的劳动过程，善于观察思考，注重运用所掌握的劳动技能解决实际问题	6	
	实施成果（20分）	能激发并维持学生对劳动的兴趣，学生掌握劳动技能情况较好，乐于参与劳动实践	10	
		能强化学生的劳动观念，学生养成良好的劳动习惯与品质，弘扬劳动精神，增强服务意识	10	
综合评价	等级分数	优秀：90分以上；良好：80~89分；合格：60~79分；待努力：60分以下	100	

表2-17 社会实践劳动教育学生评价表

学院：　　　　　班级：　　　　姓名

评价要素	评价标准	过程性评价		
		自评	师评	他评
服务态度	积极参与，愿意为他人全心全意服务			
服务过程	有耐心、有方法、不怕累、不怕苦			
服务成效	服务过程比较专业，他人获得帮助，问题得到解决			
服务时长	能够根据规划的实践时长坚持到底			
总评				

请在表格里填写：优秀、良好、待努力。各项累计在10～12个"优秀"以上，总评为"优秀"；6～9个"优秀"，总评为"良好"；6个"优秀"以下，总评为"待努力"。

第三章
高职劳动教育课程评价

第一节　高职劳动教育课程评价理念

　　高职教育的培养目标是造就高素质的技术技能人才。因此，在评价过程中要突出发展导向，重在劳动观养成。要实现这一培养目标，就必须在劳动教育课程评价过程中突出发展导向，既要关注劳动知识与技能学习的最终结果，又要注重过程评价，关注学生劳动观的养成情况。在劳动教育评价过程中，坚持平时评价、学期评价和学年评价相结合：重成绩，更重参与；重结果，更重过程；重知识，更重实践。

一、重成绩，更重参与

　　劳动教育不仅要求学生掌握基本的劳动知识和技能，更强调引导学生树立科学的马克思主义劳动观。当前，很多高职院校仅围绕学生的劳动知识和技能展开评价，并简单地以优秀、及格、不及格等对学生的劳动进行评定，这种只重成绩、不重参与的评价方式显然不符合劳动教育的目标要求。高职院校劳动教育评价应以学生劳动价值观、劳动主体观、劳动过程观、劳动关系观的养成为主要标准。

　　高职学生劳动教育课程评价，主要是以课程成绩形式给予学生正面或负面反馈，并且与学生毕业挂钩，目的是让学生全员参与劳动教育，从而养成积极主动参加劳动的良好习惯。成绩是外在的约束，目的在于帮助学生形成热爱劳动、崇尚劳动，将劳动作为一种生活习惯的自觉意识。由此可见，高职学生劳动教育课程评价既要注重成绩设置，又要注重学生的全员参与、自觉参与、深度参与。通过开展劳动教育课程，学生在实践中成长，在成长中继承和弘扬中华民族优秀传统文化，从而具备优秀的劳动品质和坚韧的劳动精神，展现当代大学生应有的精神风貌。

劳动教育是基于劳动的教育。劳动需要运用脑力和体力，因为劳动过程中，脑力劳动和体力劳动要结合在一起。劳动教育具有以劳强体的功能，在劳动教育过程中应注重学生身体的参与。然而，当前由于学校自身的情况和条件不允许，学校开展的劳动教育课程往往对学生身体参与不够重视，有时只涉及了身体的浅层次参与，有时则存在着"有教育无劳动"的问题，甚至只是口头上喊劳动、课堂上讲劳动，实则严重偏离了劳动教育的本质。《意见》明确指出，劳动教育强调"全身心参与，以体力劳动为主，注意手脑并用"。梅洛·庞蒂曾指出，"身体是我们拥有一个世界的一般方式。"[1]因此，高职学生劳动教育需要将身心一体的观念贯彻到课程评价中，要走向具体参与的课程评价，构建具体化劳动教育课程评价体系。

具体化劳动教育课程评价的重点在于关注学生身体是否参与、身体参与的程度以及身体参与劳动所产生的行为。这种评价理念要求劳动教育把身体还给学生，让学生自主地掌控自己的身体，让学生的身体充分、自主地去感知、体验劳动教育课程，激发学生身体参与劳动教育活动的全过程，进而有效促进学生劳动素养的形成与发展。同时，还要积极创设与营造身体在场的劳动教育环境，将劳动教育的物理环境和学生的身体融为一体，让学生在劳动环境中用自己的身体经历与感知。身体是完美的学习工具，是因为它学习能力强，可以牢牢记住所学的很多东西。经常连学习的本人都没有意识到。因此，在劳动教育课程学习活动中，必须让身体介入，让身体在场体验，才能进行有效的学习。为此，需要重视劳动教育课程学习的身体参与性。学校在规划劳动教育时要坚持以实践锻炼为主，注重课程实施体验式、参与式、互动式的路径，追求劳动过程中的身体体验与感受。

---

[1] 梅洛·庞蒂：《知觉现象学》，姜志辉译，商务印书馆，2001，第194页。

二、重结果，更重过程

由于劳动结果具有直观可视性的特征，在实践中，部分高职院校大都以最终的劳动成果来直接评价学生参与劳动实践的成效，这导致劳动教育课程评价过于关注劳动的结果而忽视了劳动的过程。简单以结果来评价，并不能全面客观地评价学生在劳动教育实践中的成长与收获，尤其是不能全面反映与体现学生参与劳动过程中的表现，有可能会让学生在劳动中陷入求快、求量、求果的境遇，而忽视了自身在劳动过程中的劳动体验与劳动认知，不利于学生真正体会劳动的精神，也难以切实激发学生的劳动内在热情和劳动积极性。还有些学校开展的劳动教育课程被异化为劳动休闲课程，这样的劳动教育课程评价以形式化的评价为主，如以"拍照留念"作为评价。由此可见，学生劳动教育课程评价无论是关注结果而忽略过程，还是关注形式而忽视体验，都不能全面准确地评价学生在经历劳动教育课程实施后的效果，不利于学生劳动素养的形成与发展。因此，人们需要走向关注劳动教育的过程，深化劳动体验，创新劳动教育过程性评价办法，以引导学生亲历实际的劳动过程，在劳动过程中体验与感悟劳动的意义与价值。

在实践中，一方面可以探索建立劳动清单评价制度。清单中不仅要明确列举劳动的具体内容，而且还要详细规定不同程度的劳动要求，学生只要认真完成劳动清单上的内容与要求，就表明学生无论是在劳动的具体过程中，还是最终的劳动结果，都取得了不错的劳动质量与效果，即学生的劳动表现是非常好的。另一方面，可以采取发展性评价和表现性评价。发展性评价重在倡导用发展的观点来看待学生，重点考查学生在接受劳动教育课程学习中劳动素养的发展，即学生不仅学到了相关的劳动知识，而且还形成了相关的劳动能力和劳动价值观，促使学生不断在发展中前进。表现性评价重点关注学生在劳动教育过程中的表现，旨在对学生劳动学习的过程与轨迹进行描绘与展现，其评价所依据的材料与信息主要是反映学生在劳动教育过程中的成长、进步与发展的相关资料，因此，在具体实施表现性评价时常采用档案袋评价的形式。在设计表现性评价时，教师需和学生一起设置表现性的任务，制定表现性的规则与标准。此外，劳动素养的形成与发展离不开劳动过程中的实践体验，劳动教育课程评价应关注劳动教育的全过程，引导学生增强劳动参与的主体意识，让学生亲历劳动过程，促进学生产生更深层的劳动体验与劳动感受，从而有效提升劳动教育课程的育人效果。

三、重知识，更重实践

劳动教育的有效落实必须依托于一套成熟的课程和教学体系，包括显性课程和隐性课程两种类型。显性课程指的具有专业性、连贯性，看得见的劳动课；隐性课程指的是通过其他方式进行劳动教育的活动与形式。新时代对人才的要求更高，既要具备专业的劳动知识，也要有高超的劳动技能。为了提高学生的劳动知识技能，高职院校要形成显性课程与隐性课程相结合的劳动课程体系。显性课程具体包括劳动必修课、劳动教育专题讲座、"劳动周"等。这些课程从理论和实际出发，对大学生进行理论上的劳动教育，有助于他们树立正确的劳动价值观和丰富劳动理论知识，提高他们的专业技术知识水平。隐性课程主要通过校内外活动进行，如宿舍风采大赛、公益活动、"学习雷锋、劳动奉献"主题党团日活动、"三下乡"社会实践活动等进行，旨在帮助学生增强劳动意识和劳动实践技能。这样的课程设置，一方面是对新时代劳动教育特征的准确把握，另一方面是科学合理地利用了高职院校的优势与特点，将二者的独特性有效发挥，使得学生的理论素养和专业技能都得到提升，也是重视学生劳动知识与劳动技能的重要表现。例如，以旅游管理专业为例，授课教师会通过案例的形式与学生分享有关劳动教育内容，包括导游者必备的职业操守、劳动素养、专业技能等。把劳动教育加入实习环节，构建劳动教育体系，在学生实习的过程中，融入劳动教育元素，对他们遇到的问题进行有效指导，并且在实习结束后形成实习工作日志。对接创新创业教育，高职院校每年都会举办创新创业大赛，提供创业实践基地和技术指导，让学生在创新创业的过程中运用自己的智慧研发具有实用价值的文化创意产品，形成良好的劳动氛围。组织劳动实践活动，磨炼学生劳动意志等形式，将劳动教育贯穿于学习、生活和工作实习当中，使学生全方位地提升专业素养，为他们的顺利就业保驾护航。通过以上具体劳动教育形式，可以看出新时代高职院校在劳动育人理念上出现了新的变化，有利于全方位地挖掘劳动要素，培养学生的思想理念。

第二节　高职劳动教育课程评价主体

劳动教育的评价要从其多主体、多场域的特点出发，吸纳学生自身、教师、同伴、家长和服务对象等主体参与评价。既提倡学生自我评价，促进个人反思，又引入学生互评，以利于相互学习，同时，也要有教师导评，以利于发挥教师在劳动教育中的主导作用。总之，高职院校劳动教育课程评价需自评、互评相结合，各方协同参与。

根据劳动教育的具体类型，高职院校劳动教育理论学习课一般由专任教师考核，实践教学、技能竞赛等由专业课教师、实习实训指导教师考核，公益劳动、志愿服务、创业活动、社会实践等由学工、团委、双创学院（中心）等部门的指导老师来评价。同时评价还需要有所侧重，在进行劳动教育理论授课的环节，评价主体可以是教师考核，而进行劳动实践教育的过程中，其评价主体更多地可以侧重于同学间的互评或个人自评，树立以学生获得感为核心的评价导向，将评价的重心放在学生在劳动实践中的获得感上。

劳动素养评价体系需涵盖家庭、社会评价结果。学校可利用周末、寒暑假等节假日布置劳动家庭作业，与学生参加劳动所涉及的企业、社区和社会组织，商请家长和社会评价各主体客观记录及其劳动过程和效果。通过多主体协同评价，客观、系统、全面地反映学生劳动素养发展状况。

一、自我评价

劳动教育课程评价要尊重学生在评价中的主体地位，学生自评是提升高职院校劳动教育课程教学质量的必要举措。劳动教育评价中的学生自我评价是学生在自己的劳动中对具体的劳动任务或劳动过程做出自我判断的过程。恰当的自我评价能够使评价者在对自身性格、优缺点等进行判断的同时，明确自身的问题行为，并找到提升自我的途径。

高职学校学生正处于求知欲旺盛、认知思维敏捷、个性趋向成熟的成长阶段，具备自我管理和自我反思的能力。学生成为劳动教育评价主体有两重含义：一是内隐性的，通过反思、自查等方式进行。高职学生既要学习劳动相关知识，也要在校企合作、产教融合的过程中通过岗位实习进行劳动技能锻炼，并对自我劳动进行持续的理性反思，从而提高劳动质量和水平。二是外显性的，如给自己的劳动成果评分，给自己的劳动实践撰写自我鉴定等。就自我评价的范畴而言，不仅要评价具体劳动知识与技能的掌握程度，也要关注其他维度的发展，特色是注重对劳动情感、劳动精神等方面的自我评价。

高职院校在引导学生进行自我评价的过程中，要充分尊重学生自我评价的主体地位，实现教育评价观念的根本转变，同时也要培养学生自我评价的专业能力，提升学生自我管理和自我完善的能力。

教师要创设条件让学生主动参与到劳动教育课程评价的内容和标准的设定中，使得劳动教育课程评价在资料的收集和评比等方面成为学生参与劳动教育课程的一部分，让评价真正落实到学生的劳动实践过程中。这样才能充分发挥评价在劳动教育课程中对学生个体的诊断、调节和激励作用。

充分发挥学生在劳动教育课程评价中的主观能动性的同时，教师也可以更加全面地了解学生在劳动实践过程中对劳动知识的掌握程度、劳动情感态度的变化和劳动技能的形成等情况。例如在课程结束后，学生要写一篇研学劳动实践体验和自评报告，在报告中阐述劳动收获，同时反思不足，表明还需要加强哪些劳动技能，等等。

对高职院校学生来说，自评可以是总结、报告，也可以是规范设计的自评表，还可以是二者相结合的评价呈现方式。学生的总结、报告或自评表需要尽量涵盖劳动素养的各个要素，包括劳动观念、劳动知识和技能、劳动精神、劳动习惯和品质等。

自评尤其适用于大学生劳动教育的实践课程环节。如江西师范大学劳动教育实践环节由专业实践（实习、实训）、第二课堂（志愿服务、社会实践）和日常劳动等活动构成，主要由学生自评并进行学分认定。（见表3-1、表3-2）

表3-1　劳动教育实践环节学时汇总自评表

学院：　　　　　专业：　　　　　年级：

姓名		学号			
联系电话					
模块	包含内容	表现形式	考核点	学时	总学时
日常生活劳动	开展寝室、教室，以及校园环境的治理与维护、家庭劳动等，在劳动过程中体会劳动成果的快乐，具有劳动自立意识，形成学生良好的集体荣誉感、慎独的自觉性，推进发扬良好家风。	校园环境治理	校园公共环境治理		
			寝室卫生		
		家庭生活劳动	家庭、家族、居住小区的日常生活劳动，含环境卫生清理等		

续表

模块	包含内容	表现形式	考核点	学时	总学时
与专业实践相关的生产劳动	发挥校外实践教学基地的重要作用，围绕创新创业，结合学科和专业开展实习实训、专业服务、社会实践、勤工助学等，在劳动过程中重视新知识、新技术、新工艺、新方法的应用，创造性地解决实际问题，增强诚实劳动意识，积累职业经验，提升就业创业能力，从而树立正确的择业观	实习实训相关专业服务	毕业实习(顺利完成认定为16学时)		
			专业实践(顺利完成认定为8学时)		
			校内有独立学分的实验实训等(顺利完成认定为8学时)		
		社会实践相关专业服务	学科竞赛等专业实践(A类获得省级以上奖励、B类获得国家级奖励认定为16学时)		
			社会调查等专业服务(顺利完成认定为8学时)		
			承担社会应用项目等专业服务(顺利完成认定为8学时)		
		勤工助学相关专业服务	校内勤工助学岗位等(顺利完成认定为8学时)		
			校外勤工助学活动(顺利完成认定为8学时)		
		其他	可以体现专业能力与专业实际应用的生产劳动类活动(最高认定为8学时)		
第二课堂服务性劳动	依托志愿者服务等公益性活动，培育学生公共服务意识。服务性劳动要以学校青年志愿者工作中心为基础，围绕"三下乡"等主题活动，积极搭建志愿服务平台，培养学生主动服务他人、服务社会的情怀，具有	"三下乡"社会实践活动	由学校组织的"三下乡"社会实践活动(顺利完成认定为10学时)		
		日常校园内外志愿服务	校园内志愿服务(按照时长赋予学时，最高认定为10学时)		

续表

模块	包含内容	表现形式	考核点	学时	总学时
第二课堂服务性劳动	面对重大疫情、灾害等危机主动作为的奉献精神	日常校园内外志愿服务	校园外志愿服务(按照时长赋予学时,最高认定为10学时)		
		重大活动志愿服务	全程参加校级重大庆典,或者市级以上重大活动等志愿服务(顺利完成认定为10学时)		
		其他	其他公益类活动,含见义勇为等事例(最高认定为10学时)		
备注					

说明:①各类别学时时长的设定:日常生活劳动、服务性劳动1小时/学时,与专业相关的生产劳动2小时/学时。②日常生活劳动赋予学时上限为8学时,另外两个模块不设上限。③各考核点学时的认定应以有效证明材料为依据,学院应明确何为有效证明材料。④优秀率原则上应在40%以内。

表3-2 劳动教育实践环节评定表

学院: 专业: 年级:

姓名		学号	
联系电话			
学生自我评定			

续表

辅导员（班主任）评定	
学院评定	

二、同学互评

同学互评在高职院校劳动教育评价中有着重要意义。

首先，同学互评有利于增强劳动教育主体的参与意识和参与积极性。当前，高职院校劳动教育评价存在评价方式单一、主体单一的问题，一般由学校、劳动教育课程教师和辅导员作为评价主体，学生缺乏参加评价的机会，这也是学生参与劳动教育积极性不高的原因之一。其次，同学互评有利于发挥榜样力量。同学互评需要学生观察他人在劳动素养方面的变化，以此确定身边的劳动榜样，进而通过学习身边的劳动榜样来提高自身的劳动素养。而且同学互评可以作为教师评价的重要参考。在一些集体性的劳动实践活动中，相较于教师评价而言，学生之间的评价往往更为直观，同学互评便成为教师评价的重要依据之一。

从同学互评的内容来看，同学互评应侧重于对日常劳动表现以及团队合作时的劳动能力和劳动态度的评价，如学校学生自律会对宿舍清洁劳动成果的评价、同宿舍成员对室友劳动习惯的评价等。

从评价形式来看，除了常用的评分表、描述性评分之外，同学互评可以应用更加丰富的信息化手段。不少高职院校通过学生团队组织拍摄视频的形式记录学生的劳动过程，使劳动教育评价的呈现方式更为多样和丰富。还有学生将劳动成果做成展示作品PPT和视频，在小组或班级中进行展示，或加入网络投票环节，扩大同学互评的评委范围。

从评价的话语表达来看，同学互评应注意不同评语类型的作用。有研究发现，同学评语中的细节化赞扬类评语，最易激发大学生的积极情绪体验。因此，在同学评价中，要引导学生之间进行积极、正面的鼓励和肯定，尽量少用否定的或带有消极情绪性词汇来表达。

三、家庭评价

一个人的成长离不开家庭教育。人出生后，最早接受的就是家庭教育，劳动能力在家务活动中也会有重要的表现。作为劳动教育课程评价最重要主体之一的家长，他们参与到劳动教育课程评价中来具有现实的必要性。

第一，从评价信息的获得来看，家长参与评价不但能体现出评价过程的公平与民主，而且能够提高评价结果的客观性和全面性。相对于学校劳动教育的系统性和计划性，家庭更具有个体性和情感性。因而，家长有优势获得更丰富、自然和真实的学生劳动素养的信息。第二，家长参与劳动教育课程评价，可以使学校和家庭都获得更多关于学生个体发展优势和劣势的信息，从而能更有目标和针对性地促进学生劳动能力的发展。

家长对于学生劳动教育的评价主要侧重于生活实践，包括生活的能力、生活习惯、劳动实践。对于生活实践评价的内容，可以从这几个方面来进行界定：一是生活的自理能力，即照顾自己及他人的生活技能和技巧；二是从事家务及日常劳动的能力，并有对劳动的兴趣和爱好；三是动手能力，学生手脑并用，理论联系实际，不但能丰富知识，还能提高分析和解决问题的能力，培养创造能力，磨炼顽强的意志；四是良好生活习惯的养成，一个人良好的生活习惯反映了他最基本的素质。

另外，家长评价在大中小学劳动教育评价体系中都有着重要的作用，是家校共育理念的重要体现。家长评价主要包括家务劳动记录和评价、对学生学校劳动教育成绩（成果）进行评价和反馈等。高职院校学生的劳动教育的家长评价主要是对学生假期在家进行家务劳动情况、社会劳动实践活动情况和在校劳动教育成绩成果等进行评价和信息反馈，可以通过撰写鉴定表家长评语、填写评价表（在线问卷）等方式进行。

需要注意的是，家长评价作为一种评价方式是没有基础和经验可言的，也不是每一位家长都清楚应该如何来实施评价，因此，有必要对家长进行引导。首先，应该帮助家长正确理解评价的意义、目的、内容、重点；其次，家长应了解评价指标体系、评价的具体方法，比如如何正确使用自然观察法、谈话法等获得评价信息，如何设置科学的评价情境等，从而减少具体的操作困难；最后，还要注意引导家长和学生正确对待评价，引导他们对评价的内容进行反思，从而达到评价的最佳效果，否则，评价只能流于形式。

四、学校评价

学校评价主要指的是教师评价。教师是劳动教育课程评价的重要主体。教师评价学生时需要按照人才培养方案以及课程质量标准要求对学生的劳动知识与劳动道德进行综合性评价，不能只是偏重知识考核，同时应注重量化与执行评价以及全过程评价。

《意见》指出，要全面客观记录课内外劳动过程和结果，强调既要记录劳动结果，也要记录劳动过程中的关键表现。因此，教师要将学生的劳动实践过程和劳动结果纳入劳动教育课程评价体系。（见表3-3）劳动教育课程评价应关注学生在劳动实践过程中的学习表现和能力发展，而不仅仅关注劳动的最后结果。例如，关注学生在劳动实践过程中的参与程度、合作精神、探究意识、思维创新、动手操作能力、发现和解决问题的能力等。过程性评价要注重学生劳动综合素质各个方面的构成要素，通过评价促进学生全面发展。

高职院校中，主要由两类教师承担对学生劳动素养的评价。一是劳动教育必修课的任课教师，任课教师是劳动教育评价能否顺利实施以及劳动教育能否顺利开展的重要因素。二是班主任、辅导员以及学工和团委等部门的学生工作一线教师。对于日常生活劳动、社会志愿劳动等各种劳动实践活动而言，学工一线教师是重要的评价者。学工一线教师在开展劳动评价过程中应注意整体性评价，因为不同学生在劳动教育不同方面的表现结果可能差异较大，学工一线教师需关注劳动教育的各方面，做出全方位、全过程、公平性的综合评价。

表3-3　劳动与技术教育教学评价表

项目与权重	内容	等级分数			得分
		优	良	及格	
教学目标（15分）	注重操作性并对技术原理和方法有体悟	5	4	3	
	培养学生良好的劳动习惯与技术能力	5	4	3	
	注重技能训练中的学生创新精神和实践能力	5	4	3	
教学思想与观念（20分）	教学目标面向全体，发展技术学习的兴趣	5	4	3	
	注重各学科知识的联系和综合运用，进一步拓宽学生技术学习的视野	5	4	3	
	主动进行技术实践，让学生掌握一些现代生产必备的技术、基础知识和基本技能	5	4	3	
	通过体验和探究，让学生掌握基本的技术学习方法，有技术创新意识	5	4	3	
教学设计（45分）	注重学生基础能力和基本态度的培养	5	4	3	
	正确处理教师指导和学生学习之间的关系	5	4	3	
	正确处理学生基础理论学习与实际操作的关系	5	4	3	
	正确处理操作过程中的规范意识和创新意识的关系	5	4	3	
	面向全体学生，尊重学生个性、自主性、创造性	5	4	3	
	鼓励学生自主学习的同时，突出技术学习中的重点和难点指导	5	4	3	
	引导学生学会分工与合作，互相交流、学习	5	4	3	
	注意个别指导与集中指导相结合，并有科学性和创造性	5	4	3	
	注意学生的劳动纪律和安全规程教育	5	4	3	
教学评价（20分）	教学效果好，达到预期的教学目标	5	4	3	

续表

项目与权重	内容	等级分数			得分
教学评价（20分）	学生具有较强的动手、示范、实验、操作能力	5	4	3	
	正确处理好教师的示范、讲述和学生自主活动之间的关系	5	4	3	
	发挥多种教育技术和手段的作用	5	4	3	
合计					

五、社会评价

　　《意见》特别强调，职业院校要以实习实训课为主要载体开展劳动教育。因此，社会主体参与劳动教育评价既是劳动教育与专业教育有效衔接的重要手段，也是学校和社会共同构建具有针对性和实践性的劳动教育评价体系的重要途径。来自社会场域的评价主体，包括企业实习指导教师、实训基地师傅、志愿活动组织者等。产教融合、校企合作作为职业教育的基本办学模式，是办好职业教育的关键所在，也是高职院校劳动教育过程中必不可缺的实践环节，可以让学生直面真实的职业环境，增强职场体验。学生进入企业或实训基地开展劳动生产实践，表现出的劳动品质、劳动行为、劳动习惯、劳动精神、劳动观念等都应成为评价内容之一，而企业实习指导教师、实训基地师傅等作为能直接观察学生劳动表现的社会主体理应成为劳动教育评价者之一。

　　社会主体在评价过程中应注意评价内容和评价方式的限制。从评价内容来看，社会主体的评价不能局限于考查学生是否掌握了相应的操作技巧或必要的理论知识，而要对学生是否确立了正确的劳动价值观，是否具备吃苦耐劳、一丝不苟、精益求精等现代工匠所必备的劳动品质和精神进行全方位考察。从评价方式来看，社会主体的评价应该具有双向性和反馈性，不能局限于对学生劳动成果的总结性评价，而应对学生实践的全过程进行评价，且这一评价应该是动态的。在评价过程中，社会主体要与学生、学校建立双向反馈机制，对学生在劳动实践过程中出现的问题及时进行反馈，增强实践的育人作用。

　　高职院校生产性劳动实践的主要内容就是社会服务，尤其是面向行业企业的专业性劳动实践，如生产实训和实习等。《纲要》指出，职业院校、普通高等学校要建立学校负责规划设计，行业企业社会机构主要负责业务指导，双方共同管理的劳动教育实施机制。通过建立劳模工作室、技能大师工作室，设置荣誉教师、实务导师岗位等，多渠道引入社会力量参与学校劳动教育。要联合社会力量，共建共享稳定的劳动实践基地、校外实习实训基地、各类型创新创业孵化平台，多渠道拓展劳动实践场所。因此，社会机构、行业企业等合作单位，根据学生在生产性社会实践活动过程中的表现来综合判断学生劳动素养，对学校开设的劳动教育课程或内容提出改进建议，可以帮助学校提高劳动教育课程或内容质量，同时还可以进一步促进专业的建设和发展。但学校应引导合作单位了解评价指标体系、评价的具体方法，使评价全面和科学。

劳动教育的社会评价与职业院校学生校外实习、实训评价是有所区别的，除了劳动知识和劳动技能的掌握情况评价，还要包括劳动观念和习惯的养成情况、劳动品质和精神的涵养情况等。在对学生个人进行评价的同时，在整体设计方面，还需包括社会效益评价，要把握劳动人民对工作岗位、生活和职业发展的社会性需求，深入分析劳动教育对改革体制、培养社会主义核心价值观和提高职业技能的贡献等社会效益。

第三节　高职劳动教育评价内容

劳动教育的育人作用主要体现在对学生劳动素养的培育上。时代新人应该具备怎样的劳动素养，这是劳动教育评价面临的重要课题。从本质上看，"劳动素养是学生在劳动学习中情感态度价值观、知识与技能、过程与方法的综合实现"[1]。在劳动素养这个维度中，劳动教育评价的内容应包括劳动知识与技能评价、劳动习惯与品质评价、劳动观念评价。其中，劳动知识与技能评价指向学生在劳动过程中获得的基本知识和基本能力，是结果性目标；劳动习惯与品质评价着重探究学生劳动知识与技能的形成过程及采用的方法；劳动观念评价

① 曾天山、顾建军：《劳动教育论》，教育科学出版社，2020，第383-384页。

重在引导学生形成积极的劳动情感、正确的劳动态度和科学的劳动价值观。劳动知识与技能评价、劳动习惯与品质评价、劳动观念评价是辩证统一的有机整体。"劳动知识与技能、劳动习惯与品质、劳动观念"三维评价体系完整地呈现了学校劳动教育改革的核心理念，即学校劳动教育既要重视劳动知识与技能学习，更要注重劳动习惯与品质的养成，最重要的是引导学生形成正确的劳动观念。为了使劳动教育评价落到实处，学校应构建明确的评价指标体系。

一、劳动知识与能力评价

高职院校培养的是中高级技术技能型劳动人才，专业教育与劳动教育的联系便显得更为密切，传授必备的劳动知识和技能是高职院校劳动教育的重要教学内容。《纲要》提出，职业院校要结合专业特点提高学生职业劳动技能水平，组织学生依托实习实训参与真实的生产劳动和服务性劳动。

在构建高职院校劳动教育评价体系时，应将劳动知识和技能作为一级指标。劳动知识和技能包括"劳动知识"和"劳动技能"两个二级指标。

劳动知识是指大学生在经过系统化的劳动课程学习以及劳动实践之后，拥有基础的劳动法律、劳动权益等方面的知识。劳动知识可以从内容的角度分为三个方面：一是马克思主义劳动观等劳动科学知识；二是基本的劳动法律与劳动保障知识，如劳动法、劳动合同法、就业促进法等的知识；三是从事与未来职业相关的生产性劳动所需的专业劳动知识。

另外，还可以从知识类别体系来设置评价指标。如劳动知识可以分为理论知识和实践知识。参考指标一是劳动理论知识。劳动理论知识包括熟悉目前国家颁布的劳动法律、劳动政策、就业创业政策、劳动维权知识等理论性知识。参考指标二是劳动实践知识。劳动实践知识一般是高职院校毕业生经过劳动教育和专业学习之后，把劳动理论知识和专业理论知识运用到劳动实践中形成的知识。劳动实践知识表现为专业学习实践评价、劳动教育实践评价等。

劳动能力的培养是劳动教育和劳动素养组成的核心部分，高职院校大学生作为高素质群体，其劳动能力的培养不仅仅是让其掌握必要的劳动技能，能在社会中独立生存和发展，更重要的是培养大学生具有创新性、创造性劳动能力，能为社会发展和生产力发展做出创造性的贡献。这种创造性劳动不是重复性低水平的劳动，因此劳动者要具有从0到1突破的创新性劳动能力。

劳动技能从类别来说，可以分为三个方面：一是日常生活所需的生活性技能，如收纳、手工、做饭、维修家电等；二是专业工作所需的职业性技能，如工具设计和使用技能、产品生产技能、新技术新工艺的使用技能等；三是志愿服务所需的服务性技能，如人际交往技能、管理服务技能、应对突发状况的急救技能等。高职院校学生需要掌握的劳动技能，包括初步掌握职业技能、了解专业发展的最新状态、掌握所学专业涉及的劳动工具和材料等。

劳动能力还可以从基本技能和创造性技能两个维度来设置评价指标。参考指标一是劳动技能。掌握必要基本的劳动技能，大学生能在社会独立生存和发展，能为社会创造劳动价值，表现为具备日常的生活以及工作能力等。参考指标二是创造性劳动能力。创造性劳动是大学生在劳动教育和专业学习教育中具备科学、创新思维，形成原创性和创新物化能力。

也有研究指出，劳动技能可以在多元智力的类别角度从以下6个评价指标进行观察：一是学习能力，即学生是否具有良好的自我学习能力；二是思辨能力，即是否能够独立思考，系统分析问题；三是沟通能力，即是否具有良好的人际沟通能力；四是协作能力，即是否具有良好的团队协作能力；五是创新能力，即是否具有知识、技能和管理的创新能力；六是基础劳动知识，即是否具备良好的劳动知识储备。

二、劳动习惯与品质评价

劳动习惯与品质是大学生在劳动教育中形成良好的个人劳动行为规范和行为品质。劳动习惯与品质是反映劳动教育效果投射到大学生中的一种直观参照，对检查和反馈劳动教育实施状况具有直观性的效果。

劳动习惯和品质包含"劳动习惯"和"劳动品质"两个二级指标。

劳动习惯包括能够做到自觉劳动，主动打扫宿舍、教室等公共场所卫生；做到安全劳动，在劳动时保证自身安全；做到规范劳动，在实训过程中正确、规范地使用各种工具，保障自身安全；做到协作劳动，能够通过合作共同完成劳动，协作共赢。另外，劳动习惯也可以从以下三个评价指标进行度量：一是生活性劳动，即学生日常是否积极参与生活劳动；二是专业性劳动，即日常是否积极参与专业性劳动实践；三是服务性劳动，即日常是否积极参与服务性劳动实践。

《纲要》对劳动品质的描述如下："能够自觉自愿、认真负责、安全规范、坚持不懈地参与劳动，形成诚实守信、吃苦耐劳的品质。珍惜劳动成果，养成良好的消费习惯，杜绝浪费。"

依据《纲要》的描述并结合高职学生劳动教育实际，劳动品质可具体化为自觉主动、认真负责、诚实守信、吃苦耐劳、团结合作、珍惜劳动成果和勤俭节约七大品质。具体而言，自觉主动，即养成自觉维护寝室、教室、校园环境的习惯，自觉自愿参与各类劳动，强化服务性劳动；认真负责，即在开展的劳动实践中展现出良好的责任与担当，具有较强的公共服务意识和面对重大疫情、灾害等危机主动作为的奉献精神；诚实守信，即能够自觉遵守劳动规范和纪律，认真负责地完成劳动任务，具有诚实守信的劳动意识；吃苦耐劳，即从事任何劳动都能够坚持不懈、扎根基层、艰苦奋斗，尽心尽力完成自己的工作；团结合作，即能够与同伴合作产生劳动成果，具有团队合作精神和集体主义精神；珍惜劳动成果，即能够珍惜劳动创造者来之不易的劳动成果，尊重劳动人民，始终秉持"劳动最光荣"的理念；勤俭节约，即具备珍惜劳动成果的价值取向和以艰苦奋斗为荣、以骄奢淫逸为耻的道德品质。

另外，劳动品质也可以从以下四方面考虑：一是能高质量地完成专业劳动任务；二是养成自觉维护劳动集体利益的责任意识；三是参与创新活动，形成探究问题的意识；四是自觉遵守劳动法律法规。

三、劳动观念评价

《义务教育劳动课程标准（2022年版）》中指出，劳动观念是指在劳动实践中逐渐形成的对劳动、劳动者、劳动成果等方面的认知和总体看法，以及在此基础上形成的基本态度和情感。结合《意见》《纲要》中对大学生劳动教育的要求，可将劳动观念进一步划分为"劳动认知""劳动情感""劳动态度"三个二级指标。

"劳动认知"即在深刻理解马克思主义劳动观和习近平新时代劳动观的基础上，形成对劳动过程、劳动成果、劳动关系、劳动价值、劳动作用、劳动者地位的正确看法和认识。学生能够理解劳动是人类发展和社会进步的根本力量，劳动创造人、创造价值、创造财富、创造美好生活，并且珍惜劳动成果，认识到作为劳动要素的劳动者的光荣与伟大，认识到职业教育与劳动教育之间的关系。

"劳动情感"即人们对劳动这一特定对象所持有的内心感受和评价体验，包括热爱劳动、热爱劳动人民的情感，形成学习、参与、体验劳动的浓厚兴趣和热情，形成劳动的成就感、自豪感与幸福感，这些积极的劳动情感有利于促进高职学生主动参与劳动。

"劳动态度"是指人们基于正确的劳动价值观树立积极劳动、崇尚劳动、尊重劳动等的态度，喜欢积极愉快地参与劳动，树立劳动光荣、不劳动可耻的劳动价值观。对于高职学生而言，当前应树立劳动最光荣、劳动最崇高、劳动最伟大、劳动最美丽的思想观念，认识到人类历史是劳动创造的，无论哪类劳动都是社会总劳动的重要组成部分，没有高低贵贱之分，每份职业都很光荣，进而在劳动中增强满足感、幸福感、获得感，成为德智体美劳全面发展的社会主义建设者和接班人。

对于高职院校学生劳动观念的评价，需要着力于让学生树立正确的劳动价值观、劳动主体观、劳动过程观、劳动关系观，深刻理解"人民创造历史，劳动开创未来"的道理，树立劳动光荣、创造伟大的正确观念。尊重劳动人民，珍惜劳动成果，感受到为社会做贡献的成就感、幸福感、滋养感，感受到劳动的美。认识到"脚踏实地、肯干苦干、持之以恒"是劳动的基本态度，深刻领会并在专业学习和实践中发扬劳模精神、工匠精神。知道劳动者的权利与义务，准确理解劳动与经济、劳动与法律、劳动与职业的关系。

其中的劳动价值观养成可以从以下五个评价指标进行度量：一是劳动观点，即考查学生是否持有劳动最光荣、最崇高、最伟大、最美丽的劳动观点；二是劳动认可度，即是否平等认可体力劳动与脑力劳动；三是劳动积极性，即是否在劳动活动中主动积极；四是劳动尊重度，即是否尊重劳动活动，爱惜劳动成果；五是劳动自豪感，即是否为参与劳动活动而感到自豪。

第四节　高职劳动课程评价方法

在教育评价方法中，存在着量化评价与质性评价两种基本的评价方式。量化评价是强调用数学工具进行评价，注重分析因果关系；质性评价则注重收集和分析定性信息，并以此解释研究对象。量化评价与质性评价各有优缺点。量化评价的标准化程度较高，结论也更为客观和科学，且可进行横向和纵向比较。然而，量化评价只能针对一些较表层的内容，考虑有限的几个变量进行测量，因此，仅以量化方式测量劳动教育效果是不科学的。质性评价可通过展示真实、具体的情境对学生的日常表现进行记录，从微观层面进行更细致的分析和描述，在一定程度上弥补了量化评价的缺陷。量化评价与质性评价之间的相互补充、交融与整合代表了未来劳动教育评价的发展方向，应当整合二者优势，形成一种可扩张、可包容，互为补充、互相支持的科学合理的劳动教育评价体系。

受科学实证主义的影响，量化评价呈现了"技术理性"的价值取向。在具体操作方法上，量化评价运用科学化的思维、严格的数学方法与标准化、规范化的程序来达到对可量化结果的认识。因此，以量化评价劳动教育的关键指标体现在对评价的精确性、信度与效度的追求上，一般采用观察、实验、调查、统计以及进行标准化测验等方法进行教育评价。因为预先设计好了相关程序，劳动教育量化评价易于操作和可控制，而且，客观化的评价指标、数字化的量化处理有助于提高劳动教育评价的客观性和实效性。但是，劳动教育量化评价的缺点与不足也是显而易见的。这种评价方法把复杂的劳动教育现象与教育过程做出简单化、数量化与机械化的处理，也就导致了对多样化、多元化、异质性教育蕴含的遮蔽。虽然它对于一些简单化、低层次的外在行为测量具有很高的效用，可以达到完整揭示学生行为结果的目的，但对于学生的劳动认知、劳动情感、劳动观念等，则处于尴尬和无奈的境地。这样，在劳动教育过程中所内隐的、潜藏着的学生真实状态，在量化评价中得不到应有的关注与重视，要么被忽略，要么根本不予考虑。

因此在劳动教育改革中，一般强调建构劳动教育质性评价方法体系。质性评价强调通过各种调查来挖掘和分析评价对象的各种特质。受解释主义、现象学等人文主义方法论的影响，质性评价重点关注与强调的是学生在丰富、真实、开放的教育活动中所引发的自我表现与自我展示。它的着眼点在于对教学情境或课程现象的描述与解释，强调运用整体、自然、定性的方法，并通过这种努力来透析其背后蕴含着的深层次的教育意义。因此，劳动教育性评价的运作程序具有动态生成的特点与旨趣，整个评价是一个持续、动态、不断反馈的过程。它并没有严格、统一化、标准化的程序与规范，只是随着资料的不断发现与融入，决定着下一步评价的着眼点与方向。同时，根据不同的调查主题，会采用不同的方法。

依据对劳动教育评价内容的划分，在劳动教育评价中将量化评价与质性评价相结合可包括三个方面：第一，对可转化为数据的具体性指标进行量化评价。量化评价更适合对高职学生的"劳动知识""劳动习惯"等具体性指标进行评价。第二，对一些难以量化的指标进行质性评价。质性评价需要大量收集评价信息，并以非数字的形式呈现出评价内容与结果，更适用于对劳动教育评价过程中一些不易把握、不易测量的抽象性指标如"劳动情感""劳动态度""劳动精神"等进行评价。第三，量化评价与质性评价应相互结合、互为补充。在必要时可将"劳动观念""劳动精神""劳动品质"等抽象性指标转化为具体、可测量的评价内容。例如，在评价"劳动品质"时，针对"认真负责"这一劳动品质，可依据平时服务性劳动的参与数据，加入非数据化的质性评价。此外，还可以借助信息技术搭建劳动教育信息系统，实时同步量化评价数据与质性评价信息。

一、作业评价

劳动作业是将课堂学习的劳动知识和内容进行适当延伸，引导学生将劳动课堂中的所学所得应用于现实生活和真实的社会情境中。

劳动作业的评价可以通过学生自评、同伴互评、教师或家长观察等方式进行。每项作业可设置评价标准，例如，按照主动意愿程度、完成情况等标准分为好、较好、一般三个等级。

学生为自己的劳动课程作业完成情况进行评级，有助于发挥学生的主观能动性，激发学生的劳动兴趣。家长可以通过观察学生在家中的劳动表现进行评级，及时给予鼓励和指导，教师则可以通过查阅每个学生的现场表现、劳动视频、总结、报告等作业的过程性记录，为其评级。同学在互评的过程中，既能吸收他人长处，又能发现自身不足，在互相促进中更加积极主动地参与到劳动中来。评价结果通过对好、较好、一般三个等级的量化统计，使学生了解到关于自己的评价结果，较为直观地看到自己的进步与不足。这是学生持续参与劳动的重要动力之一，教师应尽心呵护学生的这一动力，并借助这一动力发挥课后劳动实践性作业的更大作用。最后，该评价结果还可以作为劳动相关荣誉颁发的参考依据，激励学生积极主动地参与各类劳动，尤其是跟专业相关的生产性劳动实践，学习并熟练掌握劳动技能，从而形成主动劳动、乐于劳动的良好品质，提升劳动素养，最终达成劳动教育目标。

作业评价在中小学劳动教育课程中运用较多。如江苏无锡市新吴区春星小学根据学生身心发展特点和学校特色，针对低、中、高三个学段，确立了三大劳动元素——自立、自主、自律。通过分学段布置劳动作业的方式，潜移默化地让不同学段的学生会劳动、敢劳动、勤劳动，让他们在劳动中快乐成长。（张心怡，小学劳动作业的创新设计及评价。）他们将学生的劳动作业通过校内外、线上线下的平台进行展示，由学生本人、教师、同学和家长共同评价，另外还加入了竞赛机制，激励学生更积极地完成劳动教育作业。

作业评价在高职院校学生劳动教育课程中主要体现为（制品）作品评价、成果评价等。制品、作品等，是高职院校学生劳动教育专业实践课程的重要成果，与专业相关的学生劳动制品或作品，体现了学生在劳动教育课程中获得的技能、经验和体验，同时也表达了学生对劳动的认识和态度。这不仅能提高学生的劳动技能，更重要的是培养了学生的职业道德和工作态度，帮助他们逐步成长为有用之才。例如，工科专业劳动教育课程焊接实操中，学生学习了焊接技巧后，在老师的指导下逐步掌握了电弧焊、气焊、氧乙炔焊等技术，并通过反复练习，学习正确的焊接动作，根据实际情况选择合适的焊接方法，提高劳动技能，课程焊接作品的质量就是劳动教育评价的重要指标之一。

二、记录卡评价

近年来，记录卡在教育活动中得到了广泛的应用。如阅读记录卡，它以卡片或者表格的形式呈现学生阅读过程中对信息的搜集、筛选及思考情况，能够直观、简明地展示出学生阅读的各种相关信息，有效促进学生阅读和写作素养的养成。劳动教育记录卡（见表3-4）也是如此，记录卡直观地记录劳动实践课程的基本情况，内容包括开展劳动教育实践课程的时间、地点、劳动内容。在专业劳动时间记录卡中还可以增加个人总结（自评）、教师评价、家长评价、劳动实践单位评价等内容。

记录卡可以用卡片、表格、手册等形式呈现，尤其是劳动实践课程记录，可以作为劳动教育课程平时表现评价的重要记录，也可以作为学段综合评价的重要参考，是劳动素养监测的重要手段之一。（见表3-5）

表3-4　学生参加社会公益劳动记录卡

姓名		专业班级		学号	
序号	时间	活动简介			单位或个人证明
					公章（签名）
					公章（签名）
					公章（签名）
					公章（签名）
					公章（签名）

表3-5　学生劳动实践成绩考核登记表

姓名		性别		学号	
院系名称		专业		班级	
实践总课时数		实践时间	年　月　日至　年　月　日		
实践情况					
具体劳动时间与课时数	实践内容与任务	完成情况	出勤情况	劳动态度	指导教师签字

劳动实践综合评价：
         指导教师（签名） 年　　月　　日

注：1. 具体劳动时间与课时要写清××年×月×日（×课时）。

　　2. 完成情况及对学生综合评价栏目等级划分：优秀、良好、及格、不及格。

　　3. 此表在完成劳动实践任务后一周内，同《劳动实践班级学生名单、成绩考核总表》一起以班为单位报院系劳动实践指导教师处，作为学生取得劳动实践学分依据。

三、素质教育袋评价

　　学校素质教育袋是基于学生成长发展事实，对学生学业修习状况、核心素养和日常行为表现的系统评价，旨在客观反映学生德智体美全面发展情况。它符合教育评价发展的趋势，在一定程度上克服了传统评价的弊端，改变了学生评价的"唯分数论"现象，关注学生的学习与身心全面发展过程。

　　素质教育袋评价方式中，学生可以按照既定目标，自主地将成长过程中有价值的材料、作品搜集起来，通过分析、反思及他人的客观评价，认识自己在成长过程中的优势和不足，以激励自己不断进步。素质教育袋的评价作用可以概括为描述成长过程、展示成长成果、反思成长轨迹、评估成长水平、沟通成长信息，从而使学生达到自我激励、自我调整、自我改进、自主规划、主动发展的目的。学生个人成长素质教育袋一般是分类整理，而劳动教育可以单独形成"劳动教育素质教育袋"，也可以成为学生综合素质教育袋中核心素养的重要组成部分。素质教育袋在基础教育阶段获得较为广泛的应用，高职院校可以借鉴和参考。

高职院校可以考虑将劳动素养纳入学生综合素质评价体系，制定评价标准，建立激励机制，全面、客观记录学生在课内外劳动过程和结果，加强劳动技能和劳动价值观的考核，并建立公示、审核制度，确保记录真实可靠。学校可把劳动素养评价结果作为衡量学生全面发展情况的重要内容，作为评优评先、毕业、升学、就业的重要参考和依据。

第五节　高职劳动教育课程评价实施

高等职业院校开展劳动教育课程的目标是促进学生学习必要的劳动知识和技能，培养学生吃苦耐劳的精神，促使学生形成健全的人格和良好的思想道德品质。是否达到劳动教育课程目标不能仅依据学生对劳动课的参与度进行判定，而是需要综合学生某段时间内对劳动意识的加强、劳动技能的掌握、实践锻炼的参与等多个方面来判断。档案袋评价模式属于质性评价的一种，并非一次性总结性评价，侧重于学生在课程学习中的平时表现和各项任务完成情况的综合素质考核，整理收纳多方面相关作品与记录，能够反映学生参与劳动教育课程的学习过程、进步状况或成就。

学校劳动教育评价是一个连续性过程，客观记录劳动过程，整理学生具有代表性的劳动事实材料以及其他有关资料，并加以编排和归档，形成每一个学生的劳动档案袋，这有利于提高劳动教育评价的实效性。在具体的操作上，可进行成长记录档案袋评定、表现性评定、苏格拉底式研讨评定等。

成长记录档案袋评定是根据教育目标，收集、分析和解释学生的表现作品及其他证据，以反映学生发展过程中存在的优势与不足，并激励学生取得更高成就的评价方式。具体而言，因为学校劳动教育本身是动态的社会实践活动，劳动教育评价也应从静态的常规评价走向动态生成的档案袋评价。成长记录档案评定主要包括以下三个步骤：一是师生共同制定评价标准。档案袋评价标准以学生的劳动体验为中心，以学生劳动素养的发展为着眼点。师生应根据劳动教育的特点和班级的实际情况制定劳动评价表。二是收集学生的劳动表现。教师应主动关注学生的劳动过程，记录学生的劳动行为表现，搭建展示劳动成果的平台。三是学生反思自身劳动过程。作为学生成长过程的证明，档案袋评价是动态发展的过程，而反思是实施劳动教育评价的关键。劳动教育评价是持续反复的过程。在实行档案袋评价过程中，教师要创造各种条件，引导学生进行阶段性劳动反思。

同时，档案袋评价一定要摆脱停留在数据和材料收集的状态，要定期召开师生交流反馈主体会议或师生谈话工作。每学期或每个班级劳动课结束后，教师制作学生劳动课效果自评表和师生互评表，让学生填完后放入档案袋中，辅导员也可以组织班级举行劳动教育档案袋评价专题交流会议，提供师生开展档案评价工作的平台。将学生自评、互评与辅导品评分进行综合分析，并将结果及时反馈给学生，引导学生树立正确的劳动价值观，此环节可为劳动教育课程学习效果提供反馈，为任课教师制定教学计划提供依据和指导，可以促进学校劳动教育课程的发展与不断改进。

表现性评定是为测量学习者运用先前所获得的知识解决新异问题或完成特定任务能力的一系列尝试，具体来说，就是运用真实的生活或模拟的评价练习来引发最初的反应，由高水平评定者按照一定标准进行直接的观察、评判，其形式主要包括建构式反应题、书面报告、作文、演说、操作、实验、资料收集、作品展等。在劳动教育评价过程中，使用表现性评定是对学生实际操作能力与行为结果的评价，有助于揭示学生的真实面貌和现实状况。而且，表现性评定贯穿于整个教学过程，可以随时发现、及时解决学生遇到的学习问题与困难。劳动教育表现式评价方式是多元化的，如展示式评价、分享式评价、竞赛式评价，等等。

苏格拉底式研讨评定法是一种以苏格拉底为基础提出的教学评价方法。这种方法分为平行研讨和社会研讨层面，通过对参与者的讨论、宣言、投票等形式，涉及研讨者之间的讨论、见解的共享、分享，让参与的学习者培养出相应的理论知识和实践能力。

在劳动教育课程学习任务中，苏格拉底式研讨评定法让参与者们能够通过探讨见解、知识观点和分析来学习、练习和评价：通过考查不同的劳动教育知识成果，让参与者能够准确掌握相关知识；通过两人、三人、四人等小规模研讨小组活动，来总结和分析参与者的想法和观点。在劳动教育评价中采用苏格拉底式研讨评定法，在今天的信息化时代，还可以充分利用互联网和各种技术平台，推动其在劳动相关知识和技能学习及评价中的应用，从而使学习者在获取劳动知识的同时，也能够激发出相关的思考和研究能力。

一、平时表现评价

劳动教育课程的过程性评价，要注重平时劳动教育实践活动中的及时评价，以评价促进学生发展。评价要覆盖各类型劳动教育活动，明确学年劳动实践类型、次数、时间等考核要求，关注学生在劳动教育活动中的实际表现，注重从行为表现中分析把握劳动观念形成情况。以自我评价为主，辅以教师、同伴、家长、服务对象、用人单位等他评方式，指导学生进行反思改进。要指导学生如实记录劳动教育活动情况，收集整理相关制品、作品等，选择代表性的写实记录，纳入综合素质档案，作为学生学年评优评先的重要参考。

在任课教师引导下，充分发挥学生自身的主观能动性，调动学生积极性，鼓励学生用心设计与劳动教育中紧密相关的档案格式。首先，档案袋中收集的内容应该能够反映学生参与课程的动态化学习过程，学生需要根据参与的劳动教育实践活动、学校开展的劳动教育课程对档案袋中的内容进行不断补充与丰富。其次，收集学生学习过程中的系列作品，比如劳动心得、观影心得、读书心得等多种形式的作品，丰富档案袋的内容。再次，可以加入劳动技能等级证书制度，结合职业院校学生参与技能大赛、考取劳动技能等级证书的实际情况，既是对学生在校期间的劳动教育成果的一种肯定认可，同时也为学生之后就业提供一门技能。最后，整理学生课余时间所学相关知识、阅读材料等。

二、学段综合评价

学段结束时，学校需要依据学段目标和内容，结合综合素质档案分析，兼顾必修课学习和课外劳动实践，对学生的劳动观念、劳动能力、劳动精神、劳动习惯和品质等劳动素养发展状况进行综合评定。建立诚信机制，实行写实记录抽查制度，对弄虚作假者在评优评先方面一票否决，性质严重的应依法依规严肃处理。高职院校学生的毕业评价以往凸显的是对"智"的重视，"劳"的育人价值被忽略和淡化。把劳动素养评价运用到学生毕业评价中，将考核结果作为毕业依据之一，推动将学段综合评价结果作为学生升学、就业的重要参考，可以促使学生更加重视劳动教育，把更多精力投入到提升自身劳动素养中。

任课教师作为劳动教育课程考核的主体，应该重视学生劳动教育学段评价档案袋中的内容，将劳动教育档案作为期末考核成绩的重要依据，根据之前制定的评分标准，公正客观地进行考核评分，一定要充分体现公平、公正、公开的原则，同时可以将档案中的内容进行分类整理，分析劳动教育课程中对学生劳动素养提升较快的模块，不断分析和改进劳动教育课程档案袋的内容。

三、开展学生劳动素养监测

高职院校学生劳动素养监测需要纳入职业院校教学质量评估，可委托有关专业机构定期组织开展关于学生劳动素养状况调查，注重学生劳动观念、劳动能力、劳动精神、劳动习惯和品质等的监测，发挥监测结果的示范引导、反馈改进等功能。

劳动素养评价体系对劳动教育的实施具有重要的育人导向和反馈改进功能。高职院校学生作为即将参加社会劳动的高素质技术技能人才，他们的劳动素养水平对经济社会的高质量发展具有至关重要的作用。建立科学化的劳动素养评价体系对促进高职院校劳动教育的积极开展，发现和修正高职院校劳动教育实施存在的问题，发挥评价体系对提升学生劳动素养水平的激励作用具有重要的理论与现实价值。

高职学生高水平劳动素养的形成在于劳动教育的日常化和生活化，在于让劳动教育所彰显的价值理性、育人功能融入学生的日常教育管理和生活实践中。一是要充分发挥信息技术的劳动监测和劳动记录作用。现代信息技术特别是大数据的发展使人们的行为轨迹可记录、可跟踪、可追寻，极大提高了劳动素养评价体系运用的效率和可操作性。因此，要发挥现代信息技术优势，对学生日常劳动素养进行及时性评价和监测，通过信息化手段真实记录大学生个人劳动素养成长档案。二是要以劳动素养评价体系为标准进行日常的劳动素养监测，及时发现和修正大学劳动教育实施存在的问题。新时代劳动教育目标要求、育人环境以及高职学生特征都发生了巨大的变化，如何开展好劳动教育，使劳动教育实施的效果与国家制定的劳动教育目标要求相一致，对高职院校而言，这是一个新的课题。因此，要以劳动素养评价体系为标准和依据，对大学生的劳动素养水平进行常态化、日常化监测，及时发现和修正劳动教育实施存在的问题，从而对劳动教育实施过程进行及时的把关定向。（见表3-6）

表3-6 高职院校学生劳动素养评价监测要点

一级指标	二级指标	三级指标评价要点
1. 劳动价值观	1.1劳动观点	1.1.1将"劳动最光荣、劳动最崇高、劳动最伟大、劳动最美丽"的劳动价值观作为人生信条
		1.1.2深刻领悟劳动是社会得以发展、个人得以成才的重要基础
		1.1.3不断明晰劳动是积极的生存方式,是提升公民品格素养和社会责任感的重要路径
	1.2劳动态度	1.2.1尊重劳动者、爱惜劳动成果、节约劳动资料、体贴劳动过程
		1.2.2进行自我内化,高度认同劳动的崇高性
	1.3劳动情感	1.3.1在情感上形成对劳动的神圣感、荣耀感、自豪感
		1.3.2在行为上形成对劳动主体、劳动对象、劳动过程、劳动成果的亲和与亲近
		1.3.3能够通过辛勤劳动、诚实劳动、创造性劳动等体验劳动过程的快乐,收获劳动成果的喜悦
2. 劳动知识	2.1劳动理论知识	2.1.1懂得劳动"是何""为何""有何"
		2.1.2充分理解和彻底把握劳动的内涵与本质、意义与价值、形态与途径
		2.1.3充分了解我国劳动教育的发展状况、政策演进等
		2.1.4学习贯彻习近平新时代劳动教育观等主要理论知识的相关内容
		2.1.5对于劳动态度、劳动观念、劳动精神和劳动技能等方面的基本认知和选择倾向
		2.1.6学生通过企业调研、主题辩论、知识竞赛、职业技能等级考试等活动,获取相应的资格证书或等级证书等情况的考核
	2.2劳动实践知识	2.2.1通过劳动教育管理实践活动提升劳动技能,锻造劳动品质,锤炼劳动心态
		2.2.2熟练地从事某种或几种一般性劳动
		2.2.3创造性地开展劳动

续表

一级指标	二级指标	三级指标评价要点
3. 劳动能力	3.1劳动技能	3.1.1 在劳动中展现动手能力及发现问题、解决问题的能力
		3.1.2 能够将劳动技能的养成与未来就业和职业生涯的可持续发展联系起来，并通过劳动实践获得持续提升劳动职业技能的能力
	3.2劳动创造	3.2.1 在劳动中养成勇于创新、善于变革的劳动品质
		3.2.2 养成灵活运用科学原理、专业知识和现代技术的劳动方法
		3.3.3 创造性地发现并解决劳动问题、结构化地积累劳动知识和劳动经验
		3.3.4 在劳动过程中进行新的发现、发明的能力
4. 劳动习惯	4.1劳动意识	4.1.1 认识劳动的生活性、人文性、享用性和体验性
		4.1.2 认识劳动联通生活世界和职业世界，将劳动与职业生涯发展、未来幸福生活联系起来
	4.2劳动行为	4.2.1 辛勤劳动，愿意亲身经历劳动过程，在劳动中能够坚持不懈、兢兢业业、不畏艰辛，不怕累、不怕苦、不怕脏
		4.2.2 诚实劳动，能够踏踏实实经历劳动过程，在劳动中能够诚实守信、严谨规范、敢于担当，不偷工减料、不虚报瞒报、不回避推诿，能够实事求是、认真主动地完成分配的劳动任务，养成良好的劳动习惯，展现良好的劳动合作、劳动探究等行为风貌

第六节　高职劳动教育课程评价结果应用

高职院校学生综合素质评价体系既要遵守高等院校德育大纲规定的考评的要求，也要遵循职业教育内在的规律。近年来，高等职业教育快速发展，社会对高端技能型和应用型人才的需求不断增大，高职院校作为人才培养的重要场所，需要构建完备的学生综合素质评价体系和发展指南，促使学生在德育活动中修身立德，在智育活动中提升个人文化素养，在美育、体育和劳育中感受生命的乐趣，"五育并举"实现全员、全过程、全方位育人。

以东莞职业技术学院为例，学校在全员育人的过程中，经过实践和科学探索，逐渐实现评价指标科学化。围绕立德树人的根本任务，构建"学业成绩、综合素质养成"（第二课堂）相互促进、相互融合的人才培养模式，促进学生综合素质全面发展。高度重视学生思想政治教育工作，逐步完善学生日常管理制度，制定综合素质测评办法、《学生就寝考勤制度及晚归、晚出违纪处分管理办法》、《请假和考勤管理规定》、《第二课堂学分认定及管理》等制度五十余项，涉及校园安全规定、学籍与教学管理、学生奖惩制度、助学服务、心理健康教育、宿舍管理、团学管理等七个方面，涵盖学生在校期间学习、生活的方方面面。为综合素质测评学分制的实施提供了制度保障，使得学生学分来源有据可查。

一、实现劳动素养评价在综合素质体系中的独立占比

围绕立德树人根本任务，劳动素养评价以第二课堂平台为依托，构建第一课堂与第二课堂相互促进、相互融合的人才培养模式，促进学生提高综合素质、全面发展，服务青年学生成长成才。

为了客观、公正地评价学生的综合素质，根据《高等学校学生行为准则》、《普通高等学校学生管理规定》和《公民道德建设实施纲要》的精神，构建学生综合素质评价体系，要坚持政治引领和价值引领根本遵循，构建德智体美劳全面培养的完整体系，将"五育"综合素质评价融入高职院校学科发展、教学科研、人才培养等各方面，从整体高度进行规划设计，充分调动专业课教师、辅导员、班委、学生会等各方面力量，全力实施，实现评价主体多元化。

在综合素质测评权重中，学业成绩占比60%，第二课堂占比40%。综合素质养成体系（第二课堂）的核心目标围绕"德育""体育""美育""劳育"这四大基点分解为八大模块内容：思想成长、社会实践、志愿公益、创新创业、文体活动、工作履历、技能特长，劳动服务，通过主题培训、专题讲座、社团活动、志愿服务、技能竞赛、工作履历、日常生活等七大途径，分别在四个学期交叉渗透式实施。学生应结合自己的兴趣、特长和能力，自主合理安排时

间，通过"第二课堂成绩单"网络管理系统（"到梦空间"）积极报名参加各类第二课堂活动，取得相应学分，实现评价标准层次化。

本书第三章有关完善劳动教育素养评价指标的表述，在劳动素养这个维度中，劳动教育评价的内容应包括劳动知识与技能评价、劳动习惯与品质评价、劳动观念评价。其中，劳动知识与技能评价指向学生在劳动过程中获得的基本知识和基本能力，是结果性目标；劳动习惯与品质评价着重探究学生劳动知识与技能的形成过程及采用的方法；劳动观念评价重在引导学生形成积极的劳动情感、正确的劳动态度和科学的劳动价值观。劳动知识与技能评价、劳动习惯与品质评价、劳动观念评价是辩证统一的有机整体，"劳动知识与技能、劳动习惯与品质、劳动观念"三维评价体系完整地呈现了学校劳动教育改革的核心理念。学校劳动教育既要重视劳动知识与技能学习，更要注重劳动习惯与品质的养成，最重要的是引导学生形成正确劳动观念为使劳动教育评价要落到实处，学校应构建明确的评价指标体系。

因此，在综合素质评价的整个体系当中，劳动素养评价要实现平稳着陆，在评价要点和基本内容里要把劳动教育评价内容单独列出来，通过劳动教育课程开发和实现多方面多维度评价，增加评价主体多样性，才能更好地对劳动教育进行合理和客观的评价。学校在更新教育理念、广泛深入的调查与研讨后，进一步完善学生综合素质养成体系，把"德育""体育""美育""劳育"综合素质养成与理论教学、实践教学相互渗透，融为一体，对学生进行全方位、立体化的整体打造。

目前，学生综合素质评价要素主要包含学生学业成绩、第二课堂成绩和减分项目，以下按照一级指标、二级指标以及三级指标评价要点设计指标体系，如表3-7所示。

表3-7　高职院校学生综合素质评价发展要点表

一级指标（权重）	二级指标	三级指标评价要点
学业成绩（60%）	学习过程表现和学习成绩	学习过程表现和学习成绩，重点考核必修课、专业课
第二课堂成绩（40%）	"思想成长"模块	学生参加思想引领类主题教育活动，学生参加党校、团校培训经历，以及获得的相关荣誉

续表

一级指标（权重）	二级指标	三级指标评价要点
第二课堂成绩（40%）	"社会实践"模块	学生参与寒暑假"三下乡"社会实践活动，以及由校内外各部门组织的社会实践活动及获得的相关荣誉
	"志愿公益"模块	学生参与各类助残支教、社区服务、公益劳动、赛会服务、海外服务、校内公益服务等志愿服务活动的经历，以及获得的相关荣誉
	"创新创业"模块	学生参与各级各类学术科技、创新创业竞赛和活动的经历及获得的相关荣誉，以及发表的学术论文、出版的学术专著、取得的技术专利等
	"文体活动"模块	学生参与各级各类文艺体育活动、竞赛的经历，以及获得的相关荣誉
	"工作履历"模块	学生在团学（含学生社团）组织的工作任职履历、在校外的社会工作履历，以及获得的相关荣誉
	"技能特长"模块	学生参加各类技能培训及专业技能竞赛的经历，以及获得的相关荣誉
	"劳动服务"模块	学生参加志愿劳动服务、劳动学习课程、培训，以及获得的相关荣誉
减分项目	违纪处分	学生不遵守学校规章制度，受到学校违纪处分，出现旷课、迟到早退、晚归、夜不归宿和锻炼不达标等情况

在整个评价体系中，要重点考虑如下方面：

一要规范计划管理，增强综合素质养成体系的前瞻性、统筹性。注重活动的单独效应与整体活动的配合效应。每项活动分别对应一个具体目标，尤其在劳动活动设计培养目标的整体效应和活动方式上下功夫，活动范围遍及思想成长、社会实践、志愿公益、创新创业、文体活动、工作履历、技能特长、劳动服务等内容，各专项活动既有特定的主题，又在培养目标上相互渗透。

　　二要注重活动设计的广域性与重点性相结合，注重劳动活动布局的层次性。以小型活动促使学生改善生活习惯，养成良好的生活、劳动、学习习惯，提高个人修养；以大型活动锻炼学生的策划能力、统筹能力及综合能力，统筹安排整体活动，形成层次鲜明、覆盖全面、重点突出、拓宽知识、提高水平的活动格局。

　　三要注重学生参与的广泛性与部分学生较高层次的能力培养相结合。让学生广泛参与到劳动课程与实践中来，注重大多数学生普通能力的培养。同时，注重培养和发挥部分学生干部的统筹能力、组织能力、领导能力等较高层次能力的培养。

　　四要注重活动计划的原则性与灵活性相结合。注重原活动计划培养目标的落实，但依实际情况灵活处理具体活动。采用定性评价与定量评价相结合，合理设置分值。学生综合素质成绩=（学业成绩60%+第二课堂成绩40%）-减分项目，违规违纪学生要有相应的处罚，最后综合评价的分数则是学业成绩和第二课堂成绩总分减去处罚分。德育、体育、美育、劳育评价采取定性评价和定量评价相结合，课程成绩、竞赛成绩、体测成绩、志愿活动工时数等采用定量打分，最后综合评定出每名学生的成绩。

　　例如，"社会实践"模块主要记载学生参与寒暑假"三下乡"社会实践活动，以及由校内外各部门组织的社会实践活动及获得的相关荣誉。（见表3-8）

表3-8　第二课堂社会实践学分明细

项目	学分	认定方式	备注
寒暑假"三下乡"社会实践活动	1学分	"到梦空间"补录	学生完成社会实践任务并提交总结材料记1学分
义务兵退伍证	1学分	"到梦空间"补录	
社会调研	1学分	"到梦空间"补录	参加社会调研并完成不少于3000字调研报告，提交至"到梦空间"系统

续表

项目	学分			认定方式	备注
社会实践队伍	国家级立项	队长	0.8学分	"到梦空间"补录	
		成员	0.6学分		
	省级立项	队长	0.6学分		
		成员	0.4学分		
	校级立项	队长	0.3学分		
		成员	0.1学分		
	镇街及其他	队长	0.3学分		
		成员	不加分		
社会实践获得荣誉	国家级		1学分	"到梦空间"补录	
	省级		0.8学分		
	市级		0.6学分		
	校级		0.4学分		
	院级		0.2学分		

二、提高评价的信度和效度

目前我国高职院校学生德育综合素质评价工作仍处于起步阶段，在评价组织、评价主体、评价标准等方面存在诸多问题。例如，评价主体过于单一，学生评价主体单一而主观。很多高职院校在进行学生德育综合素质评价时，考评的主体往往是德育教育的教师或者德育教育的管理者，这就很难保证评价结果的全面性和客观性。与此同时，评价工作没有把学生的积极性和主动性调动起来，忽视了学生之间的相互评价和自我评价，劳动素养评价的独立占比和学生个人评价、自我评价、家庭评价及学校评价结合更是难以实现。即使有诸如上述种类评价，也只是个形式，不能作为综合素质评价的依据。目前，很多学校存在综合素质评价标准不明确，宣传力度不足的问题。有学生表示对学校进行的综合素质评价标准并不清楚，没有统一的认识，尤其是文化课成绩的占比大，没有在体、美、劳等方面有明确的重视。在评价标准不明确的基础上开展综合素质评价工作，势必会影响评价结果的客观性和公正性。

还有一些学校在进行综合素质考评时仅仅以学生在政治理论课程的学习成绩为评价依据，从而忽略了对学生日常学习生活规范的考核，更没有对学生进行诸如社会实践和专业实习等实践活动的劳动素质方面的考核。忽视实践环节的评价容易使得高职院校培养人才方向出现偏离，导致学生不能知行合一。考评后信息反馈渠道不通畅，使考评效果打折扣，考评完成后不注意及时收集考评者和被考评者反馈的信息，并且考评仅仅作为学生评奖评优的依据的情况时有发生。这既会使学生产生不公平的错误认识，也弱化了德育综合素质评价工作在学生管理工作应起的积极推进作用。

针对目前高职院校在德育综合素质评价过程中存在的诸多问题，为了真实反映学生的实际信息以及推动学生工作发展，需加强高职院校学生综合素质评价体系的建设工作。提高评价的信度和效度是目前测评工作的重要工作。

1. 调动积极性，使相关主客体都投入评价工作中，形成全面的评价模式

高职院校综合素质评价虽复杂，但仍需保证其评价结果的全面性和客观性。建立全面的评价模式需拓展评价的主体，应包括学生的自我评价、学生课程成绩的评价、学生的日常行为的评价、学生实践活动中综合素质方面的评价以及学生间的相互评价。全面评价模式还应保证评价贯穿学生的整个大学生涯过程。涉及劳动素养评价方面，例如，大一到大三相关劳动课程的开发和设计，劳动档案袋的记录、经典案例的总结和分享，学生第二课堂的成绩是否进入学生人事档案袋提供给用人单位用以评价学生在学校表现并伴随学生评价终身等。

2. 考评需遵循一定的原则，提高评价的信效度

无规矩不成方圆，综合素质评价需讲原则。首先，应遵循知行合一的原则。高职院校的特色是以培养实际操作人才为目标，因此，进行综合素质评价时更应突出实践方面的评价，并结合道德认知水平做出评价，从而真实反映学生的综合素质。其次，总体评价的同时兼顾适时评价。在对毕业生综合素质进行评价的同时，应适时地对学生在某一重大社会实践活动或者贯穿大学生整个学习生涯阶段对学生的综合素质进行评价。再次，遵循定性和定量相结合的原则。评价指标需量化，切实可行，使评价工作更易操作。在定量的基础上做适

当的定性描述，对有必要的不能量化的重要指标反映的情况进行记录。最后，评价方法要多样化。可通过综合运用观察法、问卷调查法、访谈法、实际活动体验法等方法来使综合素质考核更为具体、科学和规范。

3. 制定统一的评价标准，规范评价流程

学生综合素质的评价包括评价准备、实施、结果汇总三个阶段的评价。在评价的准备阶段，应制定统一、科学、合理的评价标准，并将评价的标准以及开展综合素质评价的意义、评价要求和具体实施方法在学生和评价工作者间进行宣传，让学生在充分认识评价体系的基础上做好迎接评价和促进自身全面发展的准备。

4. 考评工作结束进行及时反馈指导和开展经验交流活动

建立起公示反馈制度，及时把结果反馈给学生，对考评结果进行公示，以接受广大学生的监督，详细解答学生疑问。在评价结束后，通过个别谈话或者开展小组座谈会等交流方式对学生进行反馈指导，使学生明确自己的优缺点，并指明其今后努力的方向。对于学生在综合素质方面出现的问题，可以通过开展主题班会，鼓励学生介绍经验和相互交流。对于综合素质高获得奖学金和优秀荣誉表彰的学生，应通过学校网站、报刊、活动刊物等渠道进行宣传，表彰学生在综合素质方面的优秀事迹，启发学生进行自我教育。

三、提高应用于评优评先的"刚性"

实施综合素质测评必须坚持客观、公正、民主、公开的原则。综合素质测评得分要作为学生评优评奖的基本依据。劳动素养评价作为第二课堂的成绩的重要一环，是必须修的劳动学分。

1. 提供制度保障

学生在校期间，除必须完成第一课堂必修和选修项目所规定的学分以外，须修满规定的第二课堂学分才能毕业。如表3-9所示。

学生应结合自己的兴趣、特长和能力，自主合理安排时间，通过"第二课堂成绩单"网络管理系统积极报名参加各类第二课堂活动，取得相应学分。"第二课堂成绩单"客观记录学生在校期间参加各类课外活动、从事团学工作等情况和取得的各类成绩，并自动生成相应学分。学生可随时自助打印"第二课堂成绩单"，该成绩单将作为其综合测评、日常评奖评优、推优入党的重要参考依据。"第二课堂成绩单"将在学生毕业时装入学生档案。

表3-9　第二课堂学分修读要求

学制	总分	单项必修学分要求	备注
三年制（在校学习时长满4学期及以上）	6学分	思想成长1学分、社会实践1学分、志愿公益1学分	以上学分均为最低分，上不封顶。　根据学校发展出现的其他办学模式按照相关协议执行。
二年制（在校学习时长3学期）	3学分	思想成长0.5学分、社会实践0.5学分、志愿公益0.5学分	
特殊学制（在校学习时长2学期及以下）	1.5学分/每学期	不作必修要求	

2. 加强组织保障

综合素质测评工作由学校统一领导和部署，学生处负责监督和指导，各院系负责组织实施。各院系成立院系、班级综合素质测评工作小组，小组由党支部副书记、辅导员、院系团总支和院系学生会主要负责人组成，其主要职责是结合本院系实际制定综合素质测评实施细则和补充规定；组织部署本院系综合素质测评工作；对各班综合素质测评工作实施监督和指导；裁决综合素质测评纠纷，做好综合素质测评过程中的思想工作；审定、上报综合素质测评结果（包括登记表格和电脑软件）。同时要在班级内成立综合素质测评小组，由班主任、班长、团支书、学生干部代表、同学代表组成，其主要职责是做好综合素质测评过程中的思想工作和与综合素质测评有关的其他工作；审核综合素质测评各方面的基本分、奖励测评分和扣分，上报综合素质测评有关材料。

3. 评价程序合理，提供评优评先的依据

综合素质测评要按个人自评、审核、公示、审批与备案等程序进行。

（1）个人自评。每个学生必须按照综合素质测评三个方面的内容，实事求是地填写三个方面的得分和减分。

（2）审核。班级综合素质测评小组依据班级平时有关记录，认真负责、客观公正地审查核准每一位同学各项得分和扣分，发现错漏者，有权按照有关规定予以更正或增补。

（3）公示。院系综合素质测评小组经过审查后，将综合素质测评成绩用书面方式向院系全体同学公示，听取广大同学的意见。自公示综合素质测评成绩之日起3日以内，对综合素质测评结果如果有疑问者，可以向院系综合素质测

评小组提出，由院系综合素质测评小组进行复查，并在3日之内作出答复。经过复查，确有错漏的，予以更正或增补。自第一次公示之日起10日以内，院系综合素质测评小组应将综合素质测评结果进行第2次书面公示。

（4）审批与备案。院系综合素质测评工作小组对各班的综合素质测评结果进行审定，将有关表格及材料（含电子版）送院系主管领导签署意见并加盖公章后报送院学生处审核，由学生处报主管校领导审批后进行表彰和存档备案。

同时，对于在综合素质测评中弄虚作假（如谎报事迹，做假材料、假证件、假文章，涂改考试成绩和素质测评分数等）、争名夺利、诬告损人者，除给予批评教育外，视其情节在其综合素质测评总分中扣6—10分，情节特别严重者可以给予纪律处分。如有学生干部利用职权或工作之便，在综合素质测评中为自己或他人谋取不正当利益者，除责令其退出综合素质测评小组、给予批评教育外，可视情节在综合素质测评总分中扣8—10分，情节特别严重者可以给予纪律处分。未达标者取消评奖评优资格。违纪者可以通过志愿服务劳动取得相应学分，否则取消评奖评优资格。

劳动素养评价作为综合素质评价里第二课堂评价的一环，第二课堂成绩由基本分和加分项两部分组成，计算公式如下：第二课堂成绩＝基本分（40分）＋加分项（60分），第二课堂成绩满分为100分。基本分（40分）相当于第二课堂0.5学分，即大一、大二学年每学期须完成第二课堂0.5学分，每0.1学分对应综合素质测评8分。在此基础上额外完成第二课堂成绩的，可计入加分项。加分项（60分）上限为第二课堂1.5学分，即大一、大二学年每学期额外完成第二课堂0.1学分，可获综合素质测评加分4分。未完成第二课堂成绩基本分要求的，取消当学年评奖评优资格。

第四章
高职学生劳动教育与综合素质发展融合

第一节　劳动教育：高职学生不可或缺的素质教育

一、素质教育下日益被忽略的劳动教育

　　《中华人民共和国国民经济和社会发展第十四个五年规划和2035年远景目标纲要》指出，贯彻尊重劳动、尊重知识、尊重人才、尊重创造方针，深化人才发展体制机制改革，全方位培养、引进、用好人才，充分发挥人才第一资源的作用。加强创新型、应用型、技能型人才培养，实施知识更新工程、技能提升行动，壮大高水平工程师和高技能人才队伍。完善人才评价和激励机制，健全以创新能力、质量、实效、贡献为导向的科技人才评价体系，构建充分体现知识、技术等创新要素价值的收益分配机制。大学生素质培养被列为育人工作的重点，树人先树德，立才先立人，素质教育涉及学生的身心素质、道德素质、文化素质和劳动素质等方面，已渐渐被国内大多数高职院校所关注。经济的发展促进生产方式的转变，催生出高职教育人才培养模式的转型，国家的供给侧改革，对人才的需求更多地转变为对创新型人才的需求。在市场需求的推动下，高等职业教育规模迅速扩大，高等职业教育对市场的供给能力也成为检验其教育质量的关键，高职学生综合素质成为其岗位适应和持续发展的核心。

基于此，高职院校开展素质教育成为提升教育质量和推进教育改革的重要抓手。因此，高职院校必须加强大学生的素质培养。

素质教育是指一种以提高受教育者诸方面素质为目标的教育模式。它重视人的思想道德素质、能力培养、个性发展、身体健康、心理健康和劳动素质培养。素质教育与应试教育相对应，但也并非绝对对立的概念，因为两者在词义上本来就不是反义词。素质教育是社会发展的实际需要，目的是让人正确面临和处理自身所处社会环境的一切事物和现象。

高等职业技术教育关于素质教育的概念内容很宽泛，集中起来，主要为以下几点：素质教育是面向全体学生的教育；素质教育是全面发展的教育，它强调学生的德智体美劳等全面发展；素质教育是促进学生个性发展的教育；素质教育是以培养学生创新精神为重点的教育。而劳动教育是素质教育的重要内容，也是德智体美劳的教育目标之一。

劳动生产从人类上古时期一直贯穿始终，马克思在《资本论》中指出："未来教育对所有已满一定年龄的儿童来说，就是生产劳动同智育和体育相结合，它不仅是提高社会生产的一种方法，而且是造就全面发展的人的唯一方法。"人类通过劳动创造物质财富和精神财富，正是因为劳动的作用，文明才得以进步。但是，现代越来越多的家庭和学校只重视学生学科能力的培养而忽略了人类本质的劳动教育，这样一味注重"智育"，而在学习过程中缺乏对现实劳动的探索，使教育与劳动脱轨，往往会培养出高分低能的学子。"1957年，劳动教育成为重要的教育方针，与德育、智育、体育辩证结合，旨在培养有社会主义觉悟和有文化的劳动者"[①]，在新时代，全面发展、培养高素质的劳动者是社会对教育的主要要求。在对素质教育的追求道路上，应该长久并且坚定地发展劳动教育，而不是将它作为可有可无的因素，只有抓好"劳育"这一基础工程，综合素质才能健全发展。

二、素质教育视域下的高职院校劳动教育现状分析

高职教育的人才培养目标决定了高职教育的技术属性和职业属性，也决定了高职教育就业导向的功利性目标。高职教育已经成为推动社会经济发展和产业结构调整所需人才保障的重要力量。

首先，从学生身体素质来看，不少学生呈现亚健康体态。从学生各门体能

---

① 徐海娇：《劳动教育的价值危机及其出路探析》，《国家行政学院学报》2018年第10期。

课测试成绩来看，高职学生的体力和耐力较十几年前呈退化状态。这大多是缺少体力劳动的结果。其次，从学生劳动观念来看，学生普遍存在求安逸、怕劳动的倾向，尤其怕体力劳动，生活上怕苦怕脏，学习上怕苦怕累。再次，从就业选择来看，多数学生怕到艰苦企业工作，怕到生产第一线。最后，从学生对待劳动成果态度来看，一些同学不尊重、不珍惜他人的劳动成果，花钱大手大脚，浪费现象严重，如每天食堂倾倒的食物量惊人。这固然与学生家庭教育失当有关，但也是学校教育的失误。

高职院校普遍存在重智育、技术教育而轻劳动教育的现象。社会主义学校再不加强劳动教育，就不可能造就无产阶级事业接班人，资本主义物质至上和享乐主义思想就会在这一代人身上泛滥。究其原因，主要有以下几点：

第一，高职的就业导向属性所致。从高职技术教育的特殊性来看，实践性是劳动教育与技术教育的属性特征。高职所培养的高技能人才和高技术管理人才参与企业一线生产与经营活动，高职毕业生应当是脑力劳动与体力劳动相结合的新人，劳动教育应该独具重要性，可是众多的高职院校还没有把劳动教育放在应有的位置上。

第二，校企融合不够深入所致。企业参与人才培养的积极性不高，校企合作缺乏健全的机制保障，导致合作深度不够，所培养的人才与企业所需的人才脱节。因此，国家鼓励产教深度融合，鼓励行业和企业举办或共同举办职业教育，发挥企业的主体作用。但目前企业的参与不到位，造成高职学校劳动教育的开展与企业对劳动者要求的脱节。

第三，人才培养目标异化所致。高职院校素质教育的旨归，就学生而言是获得持续发展能力，就学校而言是推进内涵建设，就高职教育而言是形成育人文化氛围，就企业而言是培养高技能岗位素质的合格劳动者。由于人们的认知、经验等的局限，高职院校素质教育仍存在重物轻人、重量轻质、重技轻劳等问题。高等职业教育虽在体量上已经成为国民教育的重要组成部分，但体量大并不意味着质量一定高，在一定程度上存在着高职院校在规模和质量上的失调，在当下和长远上的失当，在教书和育人上的失衡。

三、新时代高职院校劳动教育对素质教育的影响

（一）促进正确价值观的形成

恩格斯在《劳动在从猿到人转变过程中的作用》一文中指出，在一定意义

上说，"劳动创造了人本身"，人类在大自然中生存通过动手劳动，人类把自己和自然联系起来。高职院校重视劳动教育，在劳动中可以锻炼学生的心理素质、时间观念、平等观念，增强合作意识和合作能力。苏联教育家苏霍姆林斯基认为，"劳动使人在劳动中表现自己，理解生活的意义，认识自己的力量和才能，为自己的人的尊严而自尊，珍惜自己的荣誉"[1]。学生通过劳动正确地认识自身在社会中的地位和作用，使价值观在正确道路上前进，劳动教育对人的全面发展有着不可或缺的作用。

（二）提高人际交往能力

人际交往的客观条件是拥有供人交流的场所，而传统以学科教育为主的素质教育忽略了人际交往在人类发展中的重要作用。在应试教育的状态下，大部分学生在封闭的学习环境中，由于忙于学业且接触的社会阶层有限，所以近几年大学生的人际交往能力成为自身发展的一大阻碍。"社恐"人群中大学生所占的比重越来越大，人际交往能力的缺失直接导致在社会上、工作岗位中与同事、领导关系的不融洽，从而对个人发展造成不良影响。

（三）促进综合素质的发展

劳动教育是落实素质教育的重要途径，"劳育"也是根本。高职院校大学生通过劳动教育体会到劳动工作者的艰辛，从课堂中走出来，培养勤俭节约的中华美德，深刻认识"没有岁月静好，只是有人替我们在负重前行"的道理，珍惜他人的劳动成果和幸福生活的来之不易，可谓劳动之于德；"纸上得来终觉浅，绝知此事要躬行"，在劳动中探索世界，发现书本之外的生活乐趣，培养创新精神和探索意识，可谓劳动之于智；从擦桌、扫地到盖楼、建桥，劳动中的每一步都考验着人们的身体素质，"为祖国健康工作五十年"映射着高职院校学生的奋斗方向，可谓劳动之于体；大学生在劳动中发现大自然的绮丽，发现人与人之间的和睦关系，发现最朴质美好的生活，我们不仅要用双眼去发现美，还要用双手去创造美，可谓劳动之美。

---

① 苏霍姆林斯基：《给教师的建议》。

（四）劳动教育对家风的影响

家庭是社会的细胞，好家风是一个人精神成长的重要源头，好家风是社会和谐稳定的"基石"。从古至今，诸葛亮的《诫子书》、颜之推的《颜氏家训》、傅雷的《傅雷家书》影响着一代代家庭成员，好家风作为一种无形的力量推动着中华民族在美好品德的道路上前行。劳动教育是家风培养的首要目标，中国作为文明古国之一，劳动观念是中华传统美德在历史中沉淀下来的宝贵财富。大学生是家庭的主力军，明晓劳动之责，领悟劳动之义，是每一个大学生应尽的义务。纵观所有长期兴旺的家庭，无不有着热爱劳动的家风在传承。良好的家风造就勤劳的家庭，勤劳的家庭推动整个社会的发展和文明。

四、大学生劳动教育的培养对策

（一）树立正确的劳动观念

大学生的劳动价值观不仅对他们平时的学习和生活有直接影响，更关系到他们走向社会后的就业倾向、价值取向、社会责任感等方面的精神特质。高职院校大学生在劳动中通过自己的双手与努力为自己创造更好的学习环境和生活环境，在劳动中获得满足感、成就感和幸福感，在以后的职业生涯中更加爱岗敬业。

教育是社会现象，起源于劳动，是适应传授劳动技术和社会经验的需要而产生的，并随着社会的发展而发展。一定社会的教育，是一定社会的生产力、生产关系和政治制度的反映，同时，教育又服务于和反作用于经济和政治。在阶级社会，一切阶级都会利用教育来维护和巩固他们的经济、政治制度。不同的社会，不同的阶级，由于所追求的政治经济利益的不同，教育方针的具体内容和要求也不相同。在剥削阶级占统治地位的社会里，教育代表剥削阶级的利益，一方面培养剥削阶级的接班人和为其服务的人才，另一方面实行愚民政策，把劳动人民的子女培养成剥削阶级的奴仆。

劳动是全面教育的出发点和归宿，教育与生产劳动相结合又是人的全面发展的手段，更是实施素质教育的有力措施。党提出具有中国特色的教育方针，教育为生产建设服务，教育为工农服务，把生产劳动作为教育的出发点和归宿。如果教育脱离生产劳动，那么这种教育就是空虚的，就失去了社会主义的性质和方向。

中华人民共和国成立以来，我们的教育坚持为社会主义经济、政治服务，为祖国现代化培养建设者和保卫者。党在1953年提出了"教育为生产服务，教育为工农服务"的教育方针，1958年又明确提出了"教育为无产阶级政治服务，教育与生产劳动相结合"。1983年，邓小平同志提出"教育要面向现代化，面向世界，面向未来"。1985年，党中央确定了"教育必须为社会主义建设服务，社会主义建设必须依靠教育"的根本指导思想，并明确提出把思想品德教育放在学校工作的首位。劳动教育课程的开设是贯彻党的教育方针，把思想品德教育放在第一位的具体措施，就是要从根本上提高劳动者的思想道德素质。所谓劳动教育，它属于思想品德教育范畴，它是以劳动为对象，揭示劳动在人类社会形成和发展中的地位、作用及其变化规律，揭示在劳动上阶级观点的对立和斗争，并以集中的劳动实践活动，对学生进行无产阶级劳动观教育，使之热爱劳动，形成劳动习惯，遵守劳动纪律，树立共产主义劳动态度和热爱劳动人民的观念，彻底洗刷不劳而获的思想，成为有道德、有文化技术、热爱劳动的无产阶级事业接班人，它是全面发展教育的重要组成部分，是进行思想道德教育的一个有效途径。

（二）把劳动教育纳入人才培养计划

由于"唯成绩论"在广大家长和学校中盛行，家长和学校一味注重对高分的追求忽略了对动手能力的培养。部分高职院校并未采取适当措施对学生的劳动技能进行培养，也没有开设配套课程引导学生劳动，导致高职院校学生在封闭的学习环境中缺乏正确的劳动观念。高职院校若在日常课程中适当加入劳动教育培养的课程，可让学生在潜移默化中转变观念，彻底认识到每一位劳动者都值得被尊重。把劳动教育纳入人才培养计划，在学校强制力的推动下，让学生走出课堂投身劳动，领悟社会发展，培养健全人格。劳动教育融入课程，在轻松的教学中营造劳动环境，让学生们提高协作能力，提升社会责任感，使学生在劳动中磨练意志、锻炼身体、培养复合型人才，更好地适应毕业后的社会就业环境，减少刚毕业就失业的尴尬处境。大数据显示，高职院校毕业人数逐年增多，社会上需要的是全方面高素质人才，因此高职院校为了使学生适应社会发展趋势，把劳动教育纳入人才培养计划是必不可少的环节。

　　劳动教育作为素质教育的重要内容，其独特的育人价值及理论指导方向对当代大学生的全面发展、推动新时代建设具有重大意义。综上所述，在新时代的快速发展中，素质教育需要的不再是传统教育模式下的单一学科能力培养出的人才，而是通过劳动教育培养出来的综合素质全面发展的复合型人才。

第二节　公益劳动：提升高职学生思想道德素质

一、高职院校开展公益劳动的必要性

　　欧阳修在《伶官传序》中说："忧思勤劳可以兴国，逸豫可以亡身，自然之理也。"曾国藩在写给儿子的信（《曾国藩家书：致鸿儿》）中也说："凡世家子弟，衣食起居无一不与寒士相同，庶可以成器，若沾染富贵习气，则难望有成。"1996年联合国教科文组织会议上，专家也提出21世纪的培养目标是学生要会做事会做人，不仅专业基础要深厚扎实，知识面要宽，而且动手能力要强。由此可见，劳动在任何时期对任何一个人来说都是十分重要的。

　　第一，高职院校开展公益劳动是实现高等教育培养目标的途径之一。我国高等职业教育人才培养目标是"培养德、智、体、美、劳全面发展，基础扎实、知识面宽、能力强、素质高、富有创新精神的专门人才"。要培养高素质、高质量的人才，各高职院校必须既重视对大学生进行科学文化素质培养，又注意思想品德素质的培养。在诸多培养方式中，大学生参与公益劳动是其中一种切实可行的方式。大学生参与公益劳动，是通过认知、认同体验而融汇真知、涵养真性、感悟真理的过程，也是达到灵魂深处完成思想政治素质内化的过程。公益劳动使学生不再是被动的接受者而是活动的主体，主动的参与者。学生通过参与具体的生产劳动和社会生活，以了解社会、增长知识技能、养成正确的社会意识和人生观。

　　第二，高职院校开展公益劳动是解决当代大学生动手能力差、缺乏锻炼等问题的重要方式。当代大学生大都是家里重点关注的对象，从小就受到长辈们的百般呵护，很少接触社会，过着衣来伸手、饭来张口的公主少爷般的生活，家庭生活中饮食起居都需要别人照顾，更不用说参加公益劳动，因此劳动的观念和意识非常淡薄。

社会主义荣辱观中强调，要以辛勤劳动为荣，号召大家尊重劳动、热爱劳动、珍惜劳动成果。引导大学生积极参加公益劳动不但能激发他们潜在的探索精神，使他们学到许多课本上学不到的知识，而且还能锻炼他们强健的体魄，促进身心健康和谐发展，这对提升大学生的思想道德素质有着至关重要的作用。

二、新时期高职学生公益劳动的时代内涵

高等院校素质教育培养目标是"培养德智体美劳全面发展，有优秀的品质，扎实的基础，宽广的知识面和综合素质高，富有拼搏创新精神的人才"。想要培养高素质、高质量的人才，就不能忽视高职学生思想道德素质的教育，在各种各样的方式中，鼓励高职学生积极参加公益劳动是有效方法之一。公益劳动作为各大高职院校的教育内容之一，在飞速发展的社会历史条件下，内涵也应该得到丰富和发展：高职学生在参加公益劳动的过程中，能够培养集体观念，能够认识到国家的富强是通过所有中华儿女共同辛勤劳动、艰苦奋斗所创造的。在公益劳动中，每一个高职学生都是活动的参与者和主体，都能够受益于公益劳动。如今各大高职院校中都存在这样一些人，他们在面对挫折时垂头丧气，丧失斗志，有的甚至自暴自弃，自我放弃，从此一蹶不振，在面对生活与学习带来的各种问题时，往往一味退缩，害怕竞争。公益劳动能够起到磨练大学生的性格和意志的作用，有利于提高大学生在面对各种状况时的心理承受能力，能够使他们的竞争意识增强，更好地在实践中发展自己。高职学生在参加公益劳动的过程中，与各形各色的人接触交往，能使他们更好地掌握待人接物的原则和方法，养成礼貌待人、诚实守信、互帮互助的优秀品质，逐渐地学会怎样处理好复杂的人际关系，提升自身的社会交往能力和品德。

高职学生通过上公益劳动课，把相关知识转换成社会经验和人生感悟，同时也能全面地认识现实社会和生活；高职学生不仅要在参与社会活动中满足社会需求，提升自己的价值，也要在参与社会活动中提升社会责任感的同时，努力掌握实际操作技能，为实现自己的价值做充分准备。总的来看，大学时期是人生发展的黄金时期，也是人格塑造的重要时期，通过参加公益劳动，在实践中确立公益理念，对大学生的成长有着非常重大的意义。公益活动发展的动力

来源于人们对社会公平的追求和自身优良的品格。社会的和谐和可持续发展，少不了人们在公益劳动中所体现的诚实、友爱、互相帮助等公益精神的推动。

三、新时期高职学生公益劳动课程培养目标

（一）培养学生成为一个"成熟的人"

一个青年人，要想成为一个有用的人，首先就得学会做人。学会做人是基本。只有学会了如何更好地与同学、老师及父母相处，才能让他们更多地从中学到成长的意义与价值，才能使他们自身在学习和劳动中，不断将自己培养成一个对他人、对社会有贡献、有价值的人。所谓思想决定行动，只要大学生思想成熟了，他们的行动就会随之得到升华。

（二）培养学生成为一个"品学兼优的人"

青年人具备什么样的人生观、价值观，决定了他们走入社会将成为怎样的人。教育的根本任务是立德树人。一方面，学校的公益劳动教学实践使大学生更好、更快地融入劳动所带来的快乐中，使他们更懂得劳动所赋予每个人勤劳向上的美好意义；另一方面，劳动中带给学生的脏、苦、累等体验，也更能够让他们明白到劳动成果的来之不易与艰辛，让他们更加懂得珍惜自身与他人的劳动果实。公益劳动的教学实践，还能更好地端正学生们的学习态度，为以后的社会工作打下坚实的基础。

（三）培养学生成为一个"工作素质强的人"

大学教育是自由、全面的教育，它能为社会发展提供一代又一代具有创新思维、综合素质强、适应社会需求的人才。这不仅体现在大学生的劳动能力方面，同时也体现出现代大学教育在劳动技能方面对学生的历练与培养。大部分大学都在自身的生存与发展上不懈追求着个性独特、品牌效应强的教学教育模式。目前，各行各业的工作岗位对从业人员的全方面素质提出更高的要求。办好学校公益劳动实践教育活动，可以更直观、更明确、更有效地帮助当代大学生改掉相对懒散的习惯及追求安逸的思想，使他们更好地融入劳动中，通过劳动培养他们勤劳奋进的良好品质。

四、当今时代背景下大学生存在人格方面的欠缺

从行为习惯看，由于早年计划生育政策的执行，当前在大学校园中独生子女的身影随处可见，一些家长由于受封建思想的影响，对子女的教育取向也相对保守落后，他们觉得只要自己的孩子把书读好了，掌握了足以生存的专业知识就可以了。家长们注重对子女功利性的教育，不同程度地忽视了道德教育。在家庭的娇宠下，一些独生子女过着完全不晓劳动辛苦的优越生活，穿衣要穿名牌、大牌，吃饭奢侈浪费，以及种种奢侈腐化心灵及肉体的生活方式，让他们无法真正了解和体验到来自劳动者们辛勤劳作所付出的辛酸与劳累。他们自命清高，不接地气，眼高手低，心底里看不起劳动人民，缺乏同情心、公德心。在公共场合，他们过于自私自利，不排队、不让座的现象时有所见。他们经常在自信和自卑中转换角色，自我吹捧，唯我至上。相对于家境较好而被娇生惯养的独生子女而言，家中条件较差的同学却更具生活经验，更懂得为人处世，更明白劳动的辛苦与意义。

从人格养成看，一方面，大学生朝气蓬勃，对待周围事情都充满着激情，对待新鲜的事情能很快地捕捉和接受；另一方面，他们也缺乏对社会的了解及自身的磨炼，缺乏耐心和细心，遇事往往采取相对急躁的处理方法，在认知方面也容易出现偏差，对事物的分辨力不强，惯以理想的眼光看待社会和人生，对社会改革现象过于理想化。一旦现实与理想差距巨大，就容易产生思想和行为的强烈不满，这都是人格不成熟的表现，这样的大学生既不能很好地融入社会，更谈不上成长为一个有健康人格的人。

五、深入开展大学生公益劳动的对策

公益劳动为大学生提供了一个体验人生、增长实践才干的平台，为了让公益劳动服务真正成为思想道德修养的行动体现，我们既要从宏观的角度把握大学生公益劳动服务，也要从微观的角度去实践好大学生公益劳动，使其更加行之有效。

（一）构建广泛的公益劳动服务体系和基础

公益劳动服务应当多个领域、多个角度、多级层次地开展，从而使思想道德素质教育在公益劳动服务的基础上全方位地展开。构建公益劳动广泛的服

务体系，从社会各个领域、各个阶层入手，深入研究，建立良好的公益服务形象，使公益劳动服务有着很好的社会基础。把学生公益服务体系纳入社会服务体系中，从而建立属于思想道德素质特有的教育阵地，能够为思想道德素质建设提供良好的保障，长期有效地开展大学生素质教育。

（二）坚持教育为主，兼顾社会效益

开展大学生公益劳动活动，必须坚持教育效益为主，社会效益、经济效益兼顾的原则。大学生参加社会实践的根本目的在于接受教育，我们要把拓展学生知识、增进学生技能、升华学生思想作为活动的中心目的，但同时也要兼顾实践的社会效益，让大学生参加公益劳动除了"长才干"之外，还要注意"做贡献"，为社会贡献出自己的力量。

（三）坚持点面结合，以点带面的原则

组织大学生参加公益劳动意在使全体大学生思想水平和知识能力得到不断提高，因此应立足于全面，但公益劳动又是一个深入探索、不断创新的过程，所以离不开起开路先锋作用的"火车头"的挖掘和培养。要注意点面结合、以点带面：一方面，要面向全体同学，以多种形式开展公益劳动活动，使之在活动规模、组织形式、主体结构上体现出不同的特征；另一方面，要根据不同的活动类型、活动主体、活动方式等有主次、有区别地安排活动，保证重点，从而带动和引导全面展开整个公益劳动活动和普遍提高大学生思想水平和知识能力。

（四）紧密结合思想工作，建立特有的公益服务文化

大学生公益劳动服务需要紧密结合思想工作，在思想道德建设的发展方向和指导下积极开展；在以公益劳动服务活动为载体的教育中，应当建立特有的公益服务文化，逐渐形成公益服务传统；结合高职院校自身基础特点、学校发展、当地环境等因素，围绕高职院校的发展方向积极建立具有自身特点的公益服务体系，从而对大学生思想道德素质教育产生长期的作用和影响。

（五）强化大学生的公益认知

当前大学生公益精神培育还存在知行不一的现象和问题。比如，在"知"的方面，国内高职院校少有开设大学生公益精神培育方面的课程，大学生对于

公益精神缺乏系统、科学的认知；大学生公益宣传活动的广度和维度还不够，受众面有待进一步扩大。在"行"的方面，国内慈善、公益的社会氛围还不够浓厚，大学生的公益实践还存在不够深入、缺乏吸引等问题，破解这些难题，亟待我们在知行合一上下功夫。"知是行之始"，要推进道德实践，就必须先有正确的道德认知。高职院校要开设大学生公益活动选修课，推进大学生公益精神教育进课堂，通过科学、系统的课堂讲授，向学生们传播公益思想和公益精神；注重讲深讲透公益精神的思想渊源、理论内涵、伦理意蕴、现代价值和德育意义；注重改革课堂的教育教学方法，采用案例、讨论、辩论等形式多样、大学生喜闻乐见的形式，增强课堂吸引力。要建立大学生公益精神研究与实践的学生社团，通过社团活动，加强大学生志愿者之间的交流与协作，发挥学生之间朋辈教育、共同提升自我的作用。大力运用榜样激励，挖掘、宣传身边的大学生公益明星、公益模范和公益典型，增进大学生对公益精神的认可。开展丰富多样的主题教育活动，通过演讲比赛、征文比赛、公益策划方案评比、优秀公益博文评选等形式，增强大学生对公益精神的道德认知。

（六）强化公益劳动的知行合一

"行是知之成"，道德认知最终要落实到道德实践，道德教育才有意义。要在深刻认识国情、世情的基础上，紧跟国家和社会发展需要，将大学生公益实践和公益行动开展到祖国和人民最需要、最艰苦的基层和一线去，为群众送上公益的温暖。要紧扣时代主题来推进公益实践，可以针对国家精准扶贫、低碳经济、环境保护等时代主题，抓住公益实践项目化的"牛鼻子"，有针对性地设计公益项目方案，在实践公益精神的同时，为国家经济社会发展助力。要注重扩展大学生公益实践的维度，在认真开展好传统的暑期"三下乡"、"四进社区"、志愿服务等公益活动的同时，积极开拓大学生公益行动的新领域、新途径，不断拓展公益实践的维度，吸引更多大学生参与到公益实践中来。要注重发挥教师知行合一的道德示范作用，教师带头参与、组织公益实践，切实起到言传身教的良好效果。

知行合一是大学生公益精神培育的最终目的，是大学生春风化雨、润物无声般的道德自觉，是德育教育的最高境界。要鼓励大学生自觉将"知"与"行"结合起来，强化大学生的知行合一，在获得公益认知、公益精神感悟的同时反思、修正自己的公益实践；在自己推进公益实践、开展公益行动之后能够及时总结，仔细感悟自己的所思所得，形成心得体会，促进自己的公益认知。通过公益认知与公益实践相互促进、相互融合，达到公益精神知行合一的道德自觉。"艰辛知人生，实践长才干"。通过公益劳动活动，一方面可以磨砺大学生品格，锤炼意志，提高社会适应能力和运用知识解决实际问题的能力，增强责任感和使命感，有效地推动社会经济的发展和文明新风的传播；另一方面可以使大学生在劳动中全面提高自身素质，获得良好的社会效益和人才效益，产生深远影响。

第三节　基于大学生综合素质测评体系改革的高职劳动育人模式

一、将劳动教育纳入大学生综合素质测评体系的必然性

（一）有利于填补大学生综合素质测评存在的缺陷

把劳动教育与大学生综合素质测评相结合，把劳动教育的过程与其现实表现相结合，这不仅有利于矫正大学生综合素质测评实践中长期存在重学生知识能力评价、轻劳动教育的片面做法，也有利于转变大学生中普遍存在的把劳动教育当作知识性课程学习，而忽视知行统一的错误倾向，并按照德、智、体、美、劳这五个方面对素质测评体系的内容比重进行重新划分与制定，使素质测评体系能够将学生各方面的素质反映出来。

（二）有利于深化人才培养机制改革

学生综合素质测评成绩不仅是评优评先、入党积极分子推荐、党员发展对象确定、就业推荐及奖学金评定等工作的主要依据，也要纳入专业人才培养方案，计入学分，作为毕业合格的要求。通过学生综合素质测评改革，在实践中培养和增强学生劳动意识和劳动能力，将倒逼人才培养模式和机制改革，形成人才培养与劳动教育的良性互动，最终实现德、智、体、美、劳全面发展的人才培养目标。

（三）有利于真正落实劳动教育

加强劳动教育的规定尽管不断出台，但在高职院校的执行力度依然不强。各高职院校的学生综合素质测评在理念支撑和实际运作等方面都缺少劳动教育的内容，缺乏评价考核标准，导致具体实施动力不足。

二、高职劳动育人"一中心二阵地三教育四结合"模式构建

（一）围绕一个中心，指导劳动育人工作

设立专门机构——辅导员劳动教育工作室，负责劳动教育的实施和考核，将考核结果纳入学生综合素质测评。每个辅导员为所带班级劳动的总负责人，组织学生开展劳动，其主要职责是教育引导学生明确劳动的意义，树立正确的劳动观念，督导学生完成劳动教育任务，保证劳动安全。采用"竞聘定岗、见习培养、岗前培训"的方式选拔学生负责人、小组长，由辅导员组成的劳动教育讲师团共同进行岗前培训，协助辅导员做好组织、指导、考勤、检查、评比和服务保障等工作。

设立辅导员劳动教育工作室"五个一"目标，即每学年举行一次劳动教育主题班会、组织一次劳动教育专题讲座、举办一次劳动精神学习沙龙、开展一次劳动教育专项调查、撰写一篇劳动教育研究报告。通过"五个一"目标的建立，实现劳动教育全员全过程覆盖。

（二）筑牢两个阵地，搭建劳动育人基地

1. 建设校内社会实践基地

统筹校内资源，利用大学生创意创业街等校内社会实践基地作为劳动教育实施的载体，设计一些劳动实践，把创意、创新、创客、创业等要素纳入其中，将劳动教育落实在专业教学和校园日常生活中。

2. 搭建校外劳动育人平台

与社会机构、中小学签订校外社会实践基地协议，搭建校外劳动育人平台，比如发挥学校劳动教育优势，主动派出专业教师和优秀学生团队，帮助普通大中小学校设计劳动课程、担当劳动课师资，努力做到校内与校外的统一，劳动与教育的统一，不断拓宽劳动育人途径。

（三）统筹三类教育，夯实劳动育人基础

1. 做好学生日常生活劳动教育

开展"三个美丽"创建活动，即创建"美丽教室""美丽寝室""美丽校园"，主要在大一年级开展。

（1）创建"美丽教室"。教室是"第一课堂"建设的主要场所，是学生汲取知识、享受知识的重要阵地。结合劳动育人理念，开展美丽教室创建评选活动。每个班级认领一个教室作为"责任田"，每周针对各教室检查情况进行评分，检查内容包括教室环境卫生是否干净整洁、物品摆放是否合理、桌椅排列是否整齐，评选出美丽教室，并对获得"美丽教室"荣誉的班级进行表彰并广泛宣传。通过美丽教室创建活动的开展，督促学生自己动手，爱护自己的学习环境。

（2）创建"美丽宿舍"。宿舍是学生在校期间生活、学习的重要场所，是展示学生良好精神风貌的重要窗口。对宿舍内务进行评分，倡导"干净、整齐、绿色、环保"的生活观念，坚持每周检查、每月评比，引导学生自我教育、自我管理、自我服务。评选出的美丽宿舍作为样板间供大家参观学习，让大家按照样板间对自己的宿舍进行整理。

（3）创建"美丽校园"。在全校实行卫生网格责任制，将卫生公区、花园等落实到班、责任到人，实行卫生保洁制度，坚持"每周一次大扫除"。专门设立卫生监督岗，不定期地对各班卫生区域进行检查，实行每周公示、每月评比，并将评比结果列入对班级和个人的考核。

2. 做好志愿服务劳动教育

打造"两个精品活动"：周末志愿服务活动和暑期"三下乡"社会实践活动，主要在大二年级开展。

（1）开展周末志愿服务活动。以周末志愿服务为载体和切入点，征集志愿服务项目，招募志愿服务团队，建设学校公益劳动服务网，让学生可登录该网站进行志愿者网上注册，根据个人服务意愿迅速找到合适的项目。

（2）开展暑期"三下乡"社会实践活动。将脱贫攻坚、乡村振兴作为暑期"三下乡"的重点实践内容，依托专业优势进行走访调研、义务助学和技能培训，充分发挥高职院校和大学生志愿者的智力支持和人才优势。

3. 做好专业实训等专业探究性劳动教育

依托毕业设计开放展示周等活动平台开展专业实践劳动，举办劳技竞赛、

进行劳技作品展评、展示学生的创新成果，主要在大三年级开展。引导学生全员参与，明确内容、目标，从设计、实施到考评，全程注入劳动教育元素。

（四）立足四个结合，拓宽劳动育人空间

1. 坚持劳动育人与思政教育相结合

让劳动走进思政"课堂"，在劳动中促使青年学生行为习惯养成和成长成才，树立正确的择业就业观念，培养浓厚的职业情感和优良的职业作风。

2. 坚持劳动育人与创新创业相结合

做好创新创业项目指导工作，抓好学生创新创业实践，从中选取一批先进典型成立"劳动模范创新工作室"，发挥劳模的示范引领和带头作用，突出创新主题，大力开展管理创新、经营创新和技术创新工作。

3. 坚持劳动育人与资助工作相结合

把日常劳动、志愿服务等与资助育人相结合，在帮助家庭经济困难学生顺利完成学业的同时，通过资助工作开展劳动育人，使受助学生培养勤劳、自立等优秀品质。

4. 坚持劳动育人与校园文化建设相结合

设立开展劳动文化节，着力打造"劳模讲堂"和"专业技能竞赛"两个品牌。"劳模讲堂"主要邀请优秀教师、杰出校友、知名企业家等，与学生面对面讲故事，深入解读劳动精神，确保育人工作生动有趣；"专业技能竞赛"以现场实际操作的方式进行，根据学校专业特点进行分组比赛，同时在学校微信平台推出"我心中的最美劳动者"评选，通过"微图说""微寄语"等板块增强劳动教育的互动性。

三、劳动教育对大学生素质教育的影响

高等学校是培养高素质人才的场所，如何促进学生素质的全面提高是每一位教育工作者都要面临的课题。劳动教育是中国特色社会主义教育制度所具有的重要内容。由于当代大学生及其家长片面追求智育发展，大学生中普遍存在着不爱劳动、对劳动的认识有偏见等现象。因此，加强对大学生的劳动教育显得尤为必要。

对教育规律的把握经历了逐步认识的过程。中国教育方针经历了不断探

索、不断完善的过程。党的十六大指出，新时期党的教育方针"坚持教育为社会主义现代化建设服务，为人民服务，与生产劳动和社会实践相结合，培养德智体美全面发展的社会主义建设者和接班人"。劳动教育长期以来是作为实现人才培养目标的基本途径，直到2018年全国教育大会，劳动教育才与德育、智育、体育、美育一起作为人才培养体系和培养目标的重要组成部分。

教育实践的功利性影响劳动教育。"功利性教育是指抛开对人的心灵、理性的培养，一味强调为将来从事某种职业做准备，或过分看重实用性的唯智主义倾向明显的急功近利的狭隘教育。"①中国还存在着功利性教育现象，从幼儿园到大学，一切为了考上大学，一切为了就业，成为学生、家长和学校的自觉与不自觉的认识和行动，使原本的素质教育异化为应试教育、功利教育。这种教育实践的功利性会影响劳动教育，致使学校没有把劳动教育列入人才培养体系、纳入课程建设体系，没有建立成熟的劳动教育平台和严谨的劳动教育考核制度。

独特性的社会因素弱化劳动教育。当代大学生独生子女居多，家庭生活富裕或穷家富养。有的大学生从小娇生惯养，缺乏吃苦耐劳精神，弱化劳动教育。家长溺爱孩子，不让孩子参加体力劳动；顾虑影响学习，不让孩子参加哪怕是家务这样的劳动。有的学校也认为学生从小没吃过苦，不能参加体力劳动；学生身体素质差，艰苦劳动不安全；学生的主要任务是学习就业，劳动教育不重要、不安排。

四、加强高职院校劳动教育及创新高素质人才的培养路径

（一）树立正确的劳动教育理念，实现素质教育和劳动教育的统一

劳动教育随着社会的发展不断产生新的需要。为了更好地促进学生的全面发展，教师要将教育与生产劳动紧密相连，作为教育教学的出发点和最终目的，同时这也是实施素质教育的有效方式和有力举措。学生的劳动观因其多种条件限制有着很大的局限性，因此教师要引导学生树立正确的劳动价值观，不断灌输共产主义的劳动观和劳动态度，对在溺爱家庭生长的独生子女是非常有

---

① 许祥云：《"功利性"教育评鉴》，《江西农业大学学报》2002年第2期。

好处的。教师带领学生参加各种劳动实践活动，在这些实践活动课中不断学习劳动为荣的思想品德，并培养良好的劳动习惯。高职院校在培养和加强学生的劳动思想教育时，通过各种强有力的有效举措，使学生加强了对劳动意识的培养，让学生在劳动的思想品德教育过程中体会到劳动的重要意义和作用，在不知不觉中就使学生树立起不怕艰难与困苦、敢于奋斗的观念。

（二）拓展课程形态的劳动教育

拓展课程形态的劳动教育是指第二课堂。这是从劳动教育形式的多样性出发，以校内外社会实践活动（活动课程）为载体，落实职业院校劳动育人责任，其根本目的是把更多的社会资源有效运用到劳动教育中来。这种形态的劳动教育同样需要三个条件。①劳动教育与校园文化建设相结合。要引领学生自觉重视技能训练，增强自主劳动意识，提升劳动技能。②劳动教育与学生特点相结合。通过各种劳动教育型社团组织，有序引导学生积极参加各种劳动服务性活动。③劳动教育与社会资源相结合。通过校外劳动教育实践活动，引导学生参加力所能及的工农业生产劳动，丰富劳动体验，增长劳动技能。

（三）丰富劳动教育模式

对于高职学生而言，劳动教育的内容主要包括生活劳动、生产劳动和服务性劳动。高职院校应该考虑时代特点、产业发展需求、学生实际需要等多个因素，丰富劳动教育模式，加强劳动教育课程体系建设，不仅要开展与专业相关的劳动教育，更应该走入田间和车间，开展生产劳动。高职院校开展劳动教育不应该仅仅局限于劳动教育课程，而应该把劳动教育渗透到公共课和专业课中去。比如，在专业实践课中融入劳动教育的内容，让学生在学习专业技能的同时，还能够提高自身的劳动技能和劳动素质。

第五章
高职学生劳动教育中工匠精神的培养

第一节　高职学生工匠精神培育现状

党的二十大报告提出，要健全劳动法律法规，完善劳动关系协商协调机制，完善劳动者权益保障制度，加强灵活就业和新就业形态劳动者权益保障。目前，我国已开始从传统制造业大国向制造业强国迈进，处于经济转型发展、产业结构升级的关键时期。《国家职业教育改革实施方案》指出，随着我国进入新的发展阶段，产业升级和经济结构调整不断加快，各行各业对技术技能人才的需求越来越紧迫，职业教育重要地位和作用越来越凸显。把工匠精神作为高职院校高素质技术技能人才培养的内核要义，以劳动教育铸就工匠精神，培养社会主义现代化建设所需的技术技能人才。而高职院校作为培养高素质技术技能型人才的主阵地，培育高职学生的工匠精神不仅是学生职业生涯发展的需要，更是高职院校生存发展的需要。

一、高职学生"工匠精神"培育的现状及成因

工匠精神是一种职业精神，有着古老的传统，也是历代中国人自古及今、绵延百代孜孜以求的一种精神，中国古代匠人创造了璀璨的中华文化，制作精良的兵马俑、规模宏大的都江堰水利工程、历代书法绘画精品等，无不体现着历代中国劳动人民的智慧和敬业精神。工匠精神是一个人职业道德、职业能力、职业品质的体现。高职学生工匠精神培育是一个系统工程，包括很多重要

环节，主要由思想观念、支撑系统和后期评价三个环节发挥着主导作用，要从整体角度分析，而不能进行割裂。

（一）思想观念现状及原因

思想观念是实践活动的指导，高职学生培养是一项具有专业特性的教育实践活动。思想观念要体现出高职学生人才培养需要，否则学生工匠精神培育也就失去了意义。

1. 跟不上企业行业变化，人才培养方式落后

随着科学与技术的发展，企业行业出现了很多新方法和新思路，这给高职教育带来了契机，同时也带来了挑战。高职专业设置容易受传统思维影响，不能够及时调整，造成培养的学生不能够很好地适应企业行业的需要。此时，谈论开展学生工匠精神培育工作显然是一句空话。目前，有些高职院校专业人才培养方案不能够和眼前企业行业新变化紧密契合起来，表现较为突出的是很多人才培养方案内容是多年前的，课程安排也不尽合理。企业行业人才需求新变化无法体现在人才培养过程之中，而高职学生工匠精神是一个与企业行业人才需求紧密相关联的结果，因此，用旧的思想观念去指导高职学生工匠精神培育，显然将不会出现令人满意的效果。

产生这种现象的原因是多方面的：首先，高职院校没有扎实开展校企合作办学，产教融合工作没有有效开展起来；其次，高职院校没有及时洞察企业行业人才需求的新变化，不愿意调整人才培养方案；最后，高职院校资源有限，不能承担起支撑培养企业行业新需求人才培养的成本。在这种情况下，高职院校培养学生工匠精神的行动是落后的，方式也是过时的，所以培养高职学生工匠精神并未真正落实，不能满足高职学生未来可持续发展的需要。

2. 不以学生为中心，学生工匠精神培育出现偏差

高职学生工匠精神培育的主体和核心是学生，学生是实施高职教育的对象。目前，高职院校虽然积极倡导以学生为中心的教育理念，但因受到各方因素的影响，没有很好地体现出以学生为中心的教育思想理念。例如，高职土建类人才培养方案和教育方式，往往存在着以教师需求为中心的现象，给广大高职学生成长和成才带来了消极影响。高职学生工匠精神培育不能突出学生"人文+技能"人才培养要求，往往只重视学生的技能培养，这是高职教育人才培

养旧观念的使然，而没有充分认识到高职学生人文素养的重要性。在这种情况下，高职学生工匠精神培育就会出现偏差，高职院校就会认为只要学生具备较强的施工能力和预算能力，工匠精神是水到渠成的事情，从而忽略学生人文素养和职业精神的塑造，高职学生的可持续发展能力将会受到很大制约。在高职土建类学生培养过程中，不以学生为中心的工匠精神培育表现在人才培养方案修订调研不到位上，以教师需要任意调整专业课程，这对高职土建类学生学习专业理论和技能知识将会产生很大影响，最终造成高职土建类专业学生知识搭接不合理，致使高职土建类专业学生不能系统掌握知识和养成工匠精神。

3. 与国家发展战略不符，不能满足经济社会发展需要

服务国家发展战略是高职教育人才培养的根本要求。高职学生培养目标和专业方向的制定，要围绕国家和区域经济社会发展战略需要而开展，但是，在高职学生培养中，没有将国家和区域发展战略的要求很好地反映在人才培养的全过程中。高职需要一大批具有精益求精和乐于奉献精神的高素质技术技能型人才。高职人才培养是一个成本比较高的过程，尤其是实训环节需要大批设备，这些设备往往需要大量的资金。因此，高职学生工匠精神培育往往只能停留在表面，没有往深层次方面开展，造成不能高质量地培养高职学生。高职院校没有认识到国家发展战略和高职专业人才需求存在着很大的关联性，没有将国家发展战略和国家经济社会发展新常态对高职人才需求纳入人才培养体系。高职学生工匠精神培育，就是要将乐于奉献和技术一流贯穿于高职学生培养的全过程，如果不能很好地体现这一思想，高职学生的技能就会大打折扣，学生服务国家发展战略能力也会大大降低。

（二）高职院校工匠精神支撑体系现状及原因

高职学生工匠精神培育，需要课程体系、专业教师和实训条件的支撑，这三个方面是相辅相成的。课程体系是基础，专业教师是引导，而实训条件是养成，三者缺一不可。目前，高职课程体系、专业教师和实训条件存在着不少问题，从而影响高职学生工匠精神培育。

1. 课程体系不合理，专业特点不够突出

课程体系是高职学生培养的前提，直接关系到高职学生工匠精神的形成。高职各专业的实践性比较强，这就要求高职专业的课程体系要突出实践性。然

而，目前高职课程体系体现理论层面的内容比较多，实践内容偏少。高职专业方向比较多，几乎涵盖了经济社会发展的各个方面，但是专业课程体系不能很好地体现所属专业方向特色。例如，建筑工程技术专业侧重培养学生施工操作能力，这是培养该专业学生工匠精神的基础，然而该专业课程体系存在很多力学、结构设计之类的理论课程，而高职学生目前的知识基础是无法完全理解和掌握这类课程内容的，从而造成学生只能停留在一般性的了解层次，并且，他们所了解的知识还不是专业核心知识，这就无法支撑起建筑工程技术专业学生工匠精神的培育。更有甚者，一些自考课程作为主要专业课程，出现在建筑工程技术专业课程体系中。高职学生适当开展自考学习无可厚非，然而大量自考课程打乱原有专业课程体系，这就会削弱课程体系的专业属性，不利于高职学生专业知识学习，更不利于高职学生工匠精神培育。

2. 专业教师职业素养不高，不能起到引领作用

高职学生工匠精神培育离不开高素质的专业教师队伍，专业教师需要具备扎实的专业知识，也需要具有高尚的职业道德，这是塑造高职学生工匠精神的基本要求。目前，高职教师引进，主要面向研究生和企业人员。他们大多具备扎实的专业理论知识和职业操守，然而也存在不少问题。例如，一些不适合从事教育的人员混入高职教师队伍中，由于没有教育学背景，他们往往不能从专业建设和学生成才角度去思考问题，进而使高职学生不能准确把握工匠精神基本要求。高职教师整体素养不高，集中表现在不能全心全意为学生服务，不能将专业知识准确地传授给学生，课堂上敷衍学生，不按专业课程所设定的培养目标去传授知识，造成学生专业知识断层，影响了学生工匠精神的养成。

3. 实训条件不完善，无法创设实操环境

实训是培养高职学生职业技能的必要途径，且实训条件要求比较高。以土建类专业为例，高职的实训条件主要集中在施工现场模拟和工程文件编制上，前者主要涉及土建工程各主要分部分项工程施工操作、工程测量等，而后者主要是工程造价文件的编制。高职学生只有具备比较扎实的施工能力和工程造价文件识读与编制能力，才可能在企业行业有一定的用武之地。然而，高职院校需要建设施工模拟现场和工程算量实验室，它们往往需要大量的资本投入。高职院校资源有限，不能足量地将资源投入各专业实验室建设中去，造成专业实训室建设不能支撑学生职业技能培养的现状。高职学生工匠精神是一个逐渐积累的过程，需要一定的现实条件，才能够被"激发"出来。如果土建类专业实

训室条件不完善，学生只能掌握专业理论知识，而技能却不能充分掌握，使高职学生工匠精神培养的环境条件不足。

（三）高职学生工匠精神后期评价现状及原因

后期评价是高职学生工匠精神培育的重要环节，主要包括评价标准制定、过程性评价和服务学生评价三个方面，它们表现出来的问题从侧面反映出高职学生工匠精神现状。

1. 评价标准过于单一，评定方式单一

高职学生工匠精神培育评价标准是一个综合性比较强的内容体系，它不但包括课程专业理论知识评价，而且包括职业技能表现评价。然而，在现实操作时，却局限在技能评价方面，很少涉及学生日常行为表现，这就会导致高职学生工匠精神培育侧重技能而忽略其他方面，这与高职学生全面成长的培养目标相违背。

2. 评价侧重经济效益，忽略社会效益

高职学生工匠精神培育评价应该放在服务国家经济社会发展大局层面去考虑，其中包括培育过程的经济效益评价和社会效益评价。高职院校培育学生工匠精神的过程是一个需要大量资源投入的过程，因此需要一定的资本回报率。在评价时，往往从经济和功利角度去思考，如学生能否参加相关职业技能大赛，为学校带来多少的利益，以及企业是否可以大量接收毕业生，为学校带来多少的经济效益等。而对培育过程中的社会服务性却不能够给予足够的重视。这样的评价思路反作用于高职学生工匠精神培育，让学生过度看重工作经济利益，而忽视了自身社会服务意识的培养。从人才培养角度看，合格的高职学生应该是懂得合理取得经济回报和乐于奉献社会的人才，这也是培养他们工匠精神的最低要求。

3. 服务乏力，无法调动学生的积极性

高职学生需要教师和学校的激励，才能激发出参与工匠精神培育的积极性。激励的方式比较多，其中，教师和学校服务学生是比较有效的一种方式。目前，高职院校普遍存在一种现象，表面上重视服务学生工作，而现实却不能真正落实，造成高职学生心里不满意整个工匠精神工程，导致他们不能以积极心态参与高职院校制定的工匠精神培育方案。

二、培育高职学生工匠精神的对策

（一）转变思想观念

思想观念是决定高职学生工匠精神培育的先决条件。如果思想观念不能及时转变，那么高职学生工匠精神培养将不会取得较好的结果。

1. 加强与企业行业人才培养工作深度融合

企业行业人才需求是高职学生工匠精神的指向标。高职院校为了确保学生工匠精神培育方向的正确性，必须主动加强与企业行业人才培养的深度融合，以服务企业发展为目标去激发企业行业参与合作办学的积极性，切实帮助企业行业解决技术、人员培训难题，以此换取企业行业为高职人才培养工作提供实实在在的帮助和合作。

2. 切实贯彻以学生为中心的育人理念

高职院校应该将学生现实"获得感"作为教育出发点，将学生在专业知识和技能上的获得感作为高职学生工匠精神成功的第一标准。加快广大高职专业教师育人理念的转变和提升，将高职学生成才和获得感作为教师教学成功的最大成绩，以此将整个人才培养工作切实定位在以学生为中心。

3. 加强培训，真正掌握高职学生工匠精神实质

高职人才培养要紧密联系国家经济社会发展新常态，要特别关注新时代对高职人才的要求。高职院校加强师生学习二十大精神，学习习近平新时代中国特色社会主义思想，特别要与专业特点相结合，开展富有高职特点的国家发展战略、区域经济社会发展新常态的学习和培训。让广大师生真正体会到高职学生在落实国家发展战略中实现个人价值的途径，积极调整高职人才培养方案和专业方向修订，以确保高职学生工匠精神培育适应国家经济社会发展的需要。

（二）完善支撑体系

1. 完善课程体系，突出专业特点

高职专业课程要突出专业特点和专业方向，紧紧围绕专业人才培养目标合理设置，注重课程体系科学性，注意课程之间的衔接。加大监督力度，杜绝任意更改高职课程体系现象，唯有如此，才能够为高职学生工匠精神培育守好"第一道关"。高职课程具有明显的衔接性，不能随意更改课程教学的时间，以免影响学生专业知识学习的连贯性。

2. 多措并举，提高专业教师素养

高职院校要净化专业教师队伍，选拔责任心强、勇于担当的专业教师作为专业负责人，以此保障专业人才培养方向的正确性；聘用企业专业知识扎实和工作态度端正的人员充当指导教师，给学生现身说法什么是工匠精神；坚决淘汰没有担当、不负责任的专业教师。

（三）改进后期评价

1. 从高职学生全面发展和个性发展角度评价工匠精神培育的效果

高职学生培养具有全面发展和个性发展的特点和要求，在培养其工匠精神过程中，他们的各方面素质和个性都会得到相应的发展。因此，高职院校要重视学生全面发展和个性发展，制定科学合理的评价标准。

2. 将社会效益放在重要位置

高职院校培育高职学生工匠精神要突出服务社会理念，合理追求经济利益，因此，高职院校要从全面服务国家经济社会发展角度去思考学生工匠精神培育，真正地将高职学生服务社会能力作为工匠精神培育的第一思考要素，并制定相应考核标准。

3. 要注重服务学生

高职院校要从物质和精神两个方面去帮助学生，从而促进学生对工匠精神的学习。高职院校可以从学生实习、理论知识学习、技能训练等方面采取多种服务方式去"感化"学生，让他们乐于参加工匠精神培育的每一个环节。

第二节 高职院校人文教育内涵及工匠精神培养

一、人文教育内涵及意义

（一）人文教育的内涵

所谓的人文教育，是基于受教育者的社会实践及思想意识而开展的社会教育和个人教育。通过提高受教育者的内心境界来塑造受教育者理想的人格，进而促进个人社会价值的实现。众所周知，人文精神是人文教育的核心内容，强调通过优秀文化、传统教育、传播文化、知识教育及人生实践的方式，来提高受教育者的人文素养。与此同时，人文教育注重内外兼修，重视个体对社会的人文关怀以及人生意义的理解。具体而言，人文教育主要包括成人教育、人文学科教育和人文主义教育几个方面。其中，成人教育注重提升社会群众的人文素养，是面向广大社会群众的；人文学科教育目的在于传授一定的人文知识；人文主义教育既注重培养受教育者的人文情怀，也注重培养受教育者的人文意识。

（二）人文教育的意义

第一，开展人文教育有助于学生拓宽视野、丰富人文知识，进而达到提升受教育者人文素养和人文意识的目的。另外，开展人文教育也有助于中国传统文化在学生之间的传播和弘扬，帮助学生进一步理解中国传统人文知识。

第二，开展人文教育有助于学生掌握书本上没有的知识，起到对学科教育的补充作用，进而有效地提高教育质量。

第三，人文教育有助于提升学生的人文素养，加快推进中国文明建设的步伐。

二、人文精神与工匠精神之间的关系

人文精神与工匠精神密不可分，两者具有很多相通的内容。

第一，工匠精神追求至善至美、精益求精、求真求实，在产品生产和创造过程中，追求完美和真实，注重打造产品的品质，进而使人产生愉悦感和美感。与之相对应的，人文教育主要涉及情感教育和审美教育两个层面，注重对受教育者高尚审美情趣和审美能力的培养，要求受教育者在对待文化产品时，能够采用科学合理的、正确的审美态度。与此同时，人文教育注重受教育者对文化现象和文化产品的某种情感体验，注重情感教育在整个人文教育中的重要作用。在受教育者良好情感体验的基础之上，进一步掌握扎实的文化内涵，达到事半功倍的效果。

第二，一些工匠智慧的结晶，如文化瑰宝、手工艺术和文物古迹等，象征着工匠们精益求精、追求卓越的精神，并且，这些文化瑰宝手工艺术及文物古迹是人文精神的重要载体，代表着中国优秀的传统文化。这就要求工匠们在进行产品创造时，要注重把中国传统文化融入优质产品打造中，赋予手工艺术品更多的文化价值。需要注意的是，手工艺术品的打造过程要讲求切磋和琢磨，这与古人在文学创作、修身及政治中所运用切磋和琢磨是如出一辙的，讲求一丝不苟的创作态度。

通过上述的分析可以发现，人文精神和工匠精神之间存在着千丝万缕的联系，高职院校培养工匠精神时应当积极开展人文教育，实现人文教育与工匠精神的有机融合。

三、高职院校人文教育培养工匠精神的必要性

第一，工匠精神是培养社会主义建设者和接班人的需要。培养学生的工匠精神是中国教育大纲中明确规定的，国家政府十分重视工匠精神的培养，在多次会议中明确指出培养全社会的工匠精神。

第二，高职院校教育的目的是培养应用技能型人才，这也是与工匠精神相符合的，两者拥有相同的基本精神。由此可见，利用高职院校人文教育来培养学生的工匠精神具有一定的必然性。与此同时，高职院校通过在实践操作环节融入工匠精神，实现对工匠精神内容的拓展。

第三，高职院校开展人文教育，培养学生的工匠精神符合社会发展潮流。在新形势下，社会对人才的要求是不仅要具备熟练的操作技能，还要拥有岗位奉献精神、创新精神，实现精益求精。这就需要高职院校开展良好的人文教育以培养学生的工匠精神。

四、高职院校人文教育培养工匠精神中存在的问题

首先，缺少对人文教育的重视。受传统的应试教育影响，高职院校在实际教学过程中，把对学生技能知识的培养放在了首位，认为只要掌握扎实的专业基础知识，并在此基础之上提高学生的实际操作能力，就能够培养高素质的专业型应用人才。殊不知，对于高职院校的学生而言，掌握技能知识只是一个方面，人文教育也很重要，学校需要对他们加大人文教育的力度。人文教育是整个高职教育中必不可少的一个环节。人文教育的缺失导致高职院校学生工匠精神的培养效果不佳。

其次，由于工匠精神最早是由政府提出来的，这并未引起高职院校足够的重视。高职院校未能真正从思想意识层面认识到工匠精神的重要性，而是采取了应付的态度，缺乏没有相关的工匠精神培养措施，工匠精神的培养还停留在

口头，并未真正地落实。

再次，缺少对人文教育中工匠精神的培养。高职院校人文教育培养工匠精神缺少对工匠精神内涵的深入挖掘，缺少工匠精神、人文精神和人文知识的有效结合。具体而言，在教学过程中，教师只是简单地列举相关事例，未能对事件的本质及产生的原因进行深入剖析，导致学生所学到的只是表面现象，教学效果并不明显。

最后，缺乏正确的教育方法。高职院校教师往往采用"填鸭式"的灌输，一味地强调理论的重要性，讲解历史知识、人文知识等，但是，这些枯燥的理论知识与学生的生活实际相脱节，抽象性强，学生理解起来比较吃力。可以想象，学生并不能从本质上把握工匠精神的精髓，也很难做到学以致用，因此缺乏科学的教育方法也是影响工匠精神培养的重要因素之一。

五、高职院校人文教育培养工匠精神的途径

首先，开展人文教育。高职院校应当认识人文教育在工匠精神培养中的重要性，通过开展人文教育，为学生提供肥沃的人文土壤和充足的人文养分。在此基础之上，高职院校的学生才能不断地提升自身的技能水平、文化素养，以及完善个人人格。具体而言，增设人文教育选修课，积极开展人文精神评比、人文知识竞赛、人文教育讲座等，能增强学生的人文实践并提高其人文素养。需要注意的是，工匠精神培养与人文教育应当作为统一的整体，实现两者互相促进，互相影响，互相渗透。

其次，注重学生责任心的培养。做任何事情都需要具有一定的责任心，责任心的驱使能够使人产生追求卓越、精益求精的动力。高职院校应当注重培养学生的责任心，让学生注重对身边任何事物的人文关怀，积极思考现实社会中的共同问题，并善于使用所学的知识来解决这些问题，加强对环境和生命的人文关怀。另外，开展思想政治教育，普及思想政治理论知识，从思想意识层面提高学生的责任感，使学生懂得在日常生活中从小事做起，做事情要精益求精，完成工匠精神的实践。

最后，培养学生丰富的学科知识。由于工匠精神涉及日常生活和社会生产的各个方面，这就需要受教育者广泛涉猎不同领域的文化知识，如自然学科知识、文学艺术知识、历史文化知识等。高职院校也要积极开设相关的课程，通过让学生掌握不同学科知识，来挖掘工匠精神的深层次内涵。

第三节　劳动教育中高职学生职业素养培养路径

养成良好的职业素养有助于推动各个行业领域发展，对社会进步和发展具有一定积极作用。高职院校学生在学习专业知识和技能的同时，养成良好的职业素养，有助于形成正确的价值观、世界观和人生观，提升职业认知和重视程度。而工匠精神作为职业素养中不可或缺的组成部分，有助于工匠精神的传承和弘扬。需要注意的是，工匠精神并非仅仅是一种职业文化，而是高职院校人才培养的主要目标之一，即为社会培养更多高水平的职业型人才，做出更大的贡献。

一、工匠精神对高职学生职业素养的重要作用

当今社会，各行业对于从业人员素养要求越来越高，而高职院校作为培养人才的基地，注重对学生素养水平的培养就显得尤为重要了。工匠精神对现代社会来说是十分必要的，而利用工匠精神对高职学生职业素养进行培养，是高职教育过程中的重点。下面就从培养学生职业意识、培养学生职业态度及提高学生职业道德水平几方面，分析工匠精神对高职学生职业素养培养的重要性。具体内容如下。

（一）有利于培养高职学生的职业意识

职业意识并不是与生俱来的，职业意识的形成和发展与社会意识形态密切关联。职业意识是人们在职业行为这一大环境中潜移默化地形成和发展起来的，具体表现为职业情感、职业态度、职业认识等各方面。然而，职业意识不是自发形成的，需要借助外力的教育、引导和支持，具有专业性、针对性和认同感。高职院校通过对学生职业意识的培养，有助于使学生养成良好的职业理念，为今后步入社会奠定良好的思想基石。同时，工匠精神所蕴含的精神实质，能够有效地激发高职学生形成良好的职业意识，使工匠精神入心入脑，更

好地促进高职学生提升和发展职业意识，有利于增强高职学生的职业技能的培养，满足高职学生全面发展的要求。

（二）有益于培养高职学生的职业态度

职业态度是指个人职业选择所持的观念和态度，它对于个体的发展、职业技能的提高都具有举足轻重的作用。高职院校作为高职学生职业态度形成和发展的重要培养基地，对高职学生世界观、人生观、价值观的形成与塑造具有重要的意义。培养高职学生正确的职业态度，对传承工匠精神、树立正确的人生观念和职业操守具有积极的作用。高职学生将崇高的职业操守、坚韧不拔的精神品质、脚踏实地的敬业精神融入今后的职业中，能以饱满的工作热情、积极进取的工作态度、满腔的工作热情投身到工作中。因此，工匠精神对高职学生职业态度的培养具有重要的作用。

（三）有助于培养高职学生的职业道德

职业道德是指在职业活动的范围内形成的具有职业特征的道德观念、行为规范和习惯传统，职业道德对行为人的职业行为规范具有指引和评价作用。职业道德在潜意识范围内有助于规范人的行为，树立正确的道德情操，协调好行为人权利和义务的关系。工匠精神在职业道德层面，要求高职学生树立正确的道德观念，认真对待职业活动，遵守职业道德、明确职业责任、履行职业操守，提升个体职业素养，培育高职学生强烈的职业情怀，保质保量地完成工作任务，坚持以工匠精神为引导，树立尽职尽责、恪尽职守、精益求精的工作态度，实现人生价值，同时促进和维护本地区、本行业的发展。

二、工匠精神视角下高职学生职业素养的体现

（一）对职业的认可

职业工作人员在内心深处对其职业意义的肯定，可理解为职业工作人员对职业的认可。职业人对职业的认可是其达到工匠精神状态的坚实基石。无论是在中国还是在国际，也无论是民间巧匠、企业顶级专业技术人员，还是宗师级的大匠人，都具有对其职业深深认可的特征。华为可以说是引领新时代工匠精神的典范，用工匠精神定义中国"质"造。在任正非看来，工匠精神是一种修行，更是一种品质，一种价值坚守；工匠精神做得可能会很辛苦，依靠的是一种信仰和一

种内心的信念，这个过程虽有痛苦，但也是一种享受。正是这种"以质量立命、以品质代言"的企业文化使得华为员工都能感觉到自己正在改变着这个世界，他们对自己的企业相当认可，很大程度上也是源于工匠精神对其的影响。

（二）对职业的专注

职业专注是指职业人在进行工作的时候，可以长时间保持记忆力的连续性，所以，职业专注的本质是在职业人的工作中其对自身注意力的高效管理与运用。《连线》（Wired）杂志创始主编凯文·凯利说，注意力是最为稀缺的资源，但也是最被滥用的资源。工匠可以理解为在自身的职业中投入百分百努力的人。那些具有工匠精神的职业人，在进行工作时专心致志、聚精会神、一心一意。对于工匠精神下的职业专注有很多理解，可以概括为靠手艺吃饭，不随波逐流，精雕细琢，一生只投身到一个行业之中。工匠首先体现出来的是对时间以及经验的堆积，古诗云："不经一番寒彻骨，怎得梅花扑鼻香。"只有能忍受常人不可忍受之寂寞，才可以领会到工匠精神的核心所在。英国作家和评论家约翰逊说，完成伟大的事业不在于体力，而在于坚韧不拔的毅力。这也是具有工匠精神职业人的相同特征。

（三）对职业的务实

务实可以理解为一种处理工作的行为方式，擅长用这种方式来处理工作的人并不是深深沉迷于理论，只采取最为可靠的方式来实现自己的职业目的，也可以理解为职业人在进行工作的时候敦本务实、不务空名，从根本出发，注重实际，除去浮华并且务实肯干。要想成为一位具有工匠精神的职业人，必须脚踏实地、求真务实、实事求是，不可投机取巧。一位工匠的成功，并不是投机取巧、偷懒耍滑造就的，而是依靠脚踏实地，一步一个脚印走向匠心。"中国杂交水稻之父"袁隆平亲自到田间观察、种植、研究，最后才育成了杂交水稻，解决了中国的粮食问题。对工作抱有务实的精神，才可铸就具有工匠精神的优秀职业人。

三、工匠精神视角下高职学生素养培养的路径方法

（一）加强校企合作办学模式，拓宽高职学生的实践空间

校企合作可以理解为社会企业为学校学生提供学习资源与实习机会的一种

方式，也是一个共赢的模式。企业为学生提供学习岗位，帮助学生将理论知识与实践操作相结合，同时，企业也可以优先得到优秀毕业生资源。近年来，国家大力支持校企合作的办学模式，以达到职业实践与就业的目的。校企合作要坚持主校辅企，学校主体地位不能变。若将重心放在企业上而忽略了在学校的学习，则是本末倒置。在企业学习期间，应当使院校与企业合作教育，共同育人，这样的校企合作才是积极、有机的结合。

此外，加强校企联合，应开展以赛促学活动，建立校企联合培养机制，制定与学生政治理论素养、道德水平和专业技能相结合的具体实施方案。同时，将高职院校教育与企业实践教学相结合，完善人才培养计划、职业培训指导、校外实训基地建设等，切实提高学生的职业素质和道德修养能力，实现高职教育培养目标。另外，还要加强实训基地的建设，管理拓展学生实习实训空间，加强与企业的联动，充分利用校外资料，加强校实训基地的完善和管理，拓宽高职学生的实践空间，这也可以实现学校人才培养和企业效益的双赢。

（二）加强教师队伍建设，提升人才培养质量

在高职院校学生职业素养的培养过程中，高职院校要坚持以弘扬工匠精神为引领，不断提高高职院校教师的政治理论素质，加强教育教学技能等相关技巧的培训。通过政治理论的培训，不断提升高职教师的政治理论素养和政治素质。同时，通过岗前培训、专业技能培训、深入基层一线实地调研等不断提高教师的实践教学能力，进一步提升高职教师的理论水平，丰富实践教学经验。建立一支理论性强、实践能力过硬的高素质"双师型"教师队伍，可为高职院校的人才培养质量提供保障，从根本上满足高职院校学生职业素养提升的需求。

（三）完善课程体系建设，加强学生人文素质培养

为更好地培养高职院校学生的职业素养，高职院校需要在课程设计中加入工匠精神培育的课程内容。高职院校应不断加强和培育学生的人文素质和创新意识，丰富学生的人格品德、语言艺术、沟通能力，促进高职学生的全面发展。同时在教学过程中，要注重学生德育教育和专业技术能力的培养，科学合理地设计高职教育的教学内容，充分彰显高职教育特色，实现高职教育理论和实践的结合，提升高职院校对高职学生培养的指导性和规范化。

参考文献

[1] 胡淑云. 数字劳动主导下的大学生劳动教育创新发展研究 [J]. 黑龙江教育（高教研究与评估），2023（5）：20-22.

[2] 孔洁珺，王占仁. 新时代大学生劳动价值观培育的场域、困境与对策研究 [J]. 东北师大学报（哲学社会科学版），2023（3）：90-97.

[3] 董佳慧，李利辉. 新时代大学生劳动教育的困境及路径选择 [J]. 才智，2023（13）：33-36.

[4] 刘津阳. 新时代大学生劳动教育体系构建研究 [J]. 襄阳职业技术学院学报，2023，22（2）：30-34.

[5] 余西亚. 人工智能时代大学生劳动教育的价值及实践路径 [J]. 继续教育研究，2023（5）：53-57.

[6] 邱槿怡. 数字时代高职院校劳动教育价值及其创新发展 [J]. 继续教育研究，2023（5）：63-67.

[7] 陈佳妮. "大思政"视域下高职院校劳动教育的原则与路径 [J]. 黄河水利职业技术学院学报，2023，35（2）：75-78.

[8] 豆婧瑞，尚小华. 新时代大学生劳动教育的三维探析 [J]. 锦州医科大学学报（社会科学版），2023，21（2）：91-94，99.

[9] 尹冬梅. 劳动教育视域下大学生职业生涯发展教育体系建设探索 [J]. 中国大学生就业，2023（4）：18-23.

[10] 王晓玲，赵波. 人工智能背景下新时代大学生劳动教育的培养路径 [J]. 现代职业教育，2023（11）：89-92.

[11] 冀文俊. 公路工程施工过程中的质量控制与管理 [J]. 城市建设理论研究（电子版），2023（10）：103-105.

[12] 王荟荟,李芊,林伟,等.新时代加强大学生劳动教育的路径探究[J].经济师,2023(4):203-204.

[13] 汪杰锋,王一雯,郭晓雅.新时代高职院校劳动教育课程实施的问题与消解[J].齐鲁师范学院学报,2023,38(2):54-59.

[14] 尹雪雪,顾训宝.大学生劳动精神培育的三维探析[J].重庆第二师范学院学报,2023,36(2):112-116.

[15] 江楠,江宏,何万国.新时代大学生劳动素养:内涵、评价价值、评价指标[J].重庆第二师范学院学报,2023,36(2):117-121.

[16] 蔡婧.劳动教育实现高职院校心理育人的实践路径[J].湖北开放职业学院学报,2023,36(6):11-13.

[17] 杨琪琪,蔡文伯.我国大学生劳动教育演变与制度重构[J].高职院校辅导员学刊,2023,15(2):38-42,97.

[18] 陈永生.大学生劳动教育与创新创业教育融合研究——评《高职院校创新创业与劳动教育》[J].人民长江,2023,54(3):245.

[19] 周蕾.劳动视域下劳动教育融入高职院校就业指导工作的实践路径[J].吉林工程技术师范学院学报,2023,39(3):9-12.

[20] 刘观园.高职院校劳动教育实践对大学生择业观的影响——以上海商学院为例[J].公关世界,2023(6):78-80.

[21] 郭金梅.劳动实践对促进大学生劳动教育的重要性探讨[J].公关世界,2023(6):144-146.

[22] 朱红娟.大学生劳动精神培育的意义与路径[J].西部素质教育,2023,9(6):85-88.

[23] 黄涛.公路工程机械设备安全管理现状及措施浅析[J].中国设备工程,2023(6):46-48.

[24] 徐刚.公路工程项目成本管理与成本控制措施[J].大众标准化,2023(6):81-82,85.

[25] 张轩.高职院校开展大学生劳动教育的路径探析[J].新课程研究,2023(9):71-73.

[26] 李丹,胡军卫.劳动教育融入高职院校后勤服务的实施路径研究[J].高职院校后勤研究,2023(3):13-16.

[27] 徐喜春.大学生劳动教育的价值引领性及其实现[J].浙江交通职业技术学院学报,2023,24(1):69-72.

[28] 陈攀,陈春萍,刘翔.新时代高职院校推进大学生劳动素养培育的现实意义、困境与实施路径[J].湘潭大学学报(哲学社会科学版),2023,47(2):188-192.

[29] 韩烨.将劳动教育融入劳动与社会保障本科生课堂研究[J].吉林省教育学院学报,2023,39(3):94-98.

[30] 赵周娟.生态农业发展下对大学生的劳动教育要求[J].灌溉排水学报,2023,42(3):150.

[31] 李鹏飞,高建辉,潘玲,等.公路工程造价信息化管理系统研究[J].中国交通信息化,2023(3):37-39.

[32] 唐宇俊.公路工程施工技术管理和控制研究[J].信息系统工程,2023(3):85-87.

[33] 刘芳.人工智能时代下的大学生劳动教育机制构建研究[J].信息系统工程,2023(3):138-140.

[34] 刘建成,周志宏.新时代大学生劳动精神的生成机理、价值意蕴及培育路径[J].教育与装备研究,2023,39(3):80-85.

[35] 张敏.协同视域下高职院校劳动教育思政功能的实践方略[J].高职院校教育管理,2023,17(2):44-51.

[36] 龚运.劳模精神对新时代大学生劳动教育的价值引领研究[J].科技风,2023(7):22-24.

[37] 温双艳.人工智能时代高职院校劳动教育的推进路径探究[J].中国教育学刊,2023(3):113.

[38] 侯文龙.高速公路工程建设中的大型机械设备管理措施[J].中国设备工程,2023(5):70-71.

[39] 高雷.公路工程监理的全面质量管理探析[J].四川建材,2023,49(3):216-218.

[40] 唐雁,韩猛,魏寒冰.新时代高职院校劳动教育实践路径研究[J].现代商贸工业,2023,44(7):112-114.

[41] 章健,王琴,刘书宜,等.三全育人视角下劳动教育融入职业生涯规划的探索[J].现代商贸工业,2023,44(8):106-108.

[42] 李海晶.基于生涯教育的劳动教育实践体系探讨[J].现代商贸工业,2023,44(8):109-110.

[43] 赵敏,凌葆琦.新时代大学生劳动教育现状及优化路径[J].才智,2023(7):110-113.

[44] 梁彤.大学劳动教育:价值表现、核心要义及实现路径[J].现代职业教育,2023(7):5-8.

[45] 张昕月.劳动教育融入职业院校专业人才培养的研究——评《大学生劳动教育》[J].人民长江,2023,54(2):238.

[46] 徐喜春.数字化背景下大学生劳动教育的创新路径[J].广东轻工职业技术学院学报,2023,22(1):31-35.

[47] 王晓艳,谢栎盈.大学生劳动行为倾向及影响因素的逻辑回归分析——基于广州地区高职院校的调查实证研究[J].黑龙江科学,2023,14(3):82-84,88.

[48] 北京市交通委员会关于印发《北京市公路工程建设项目招标投标管理细则》的通知[J].北京市人民政府公报,2023(3):62-85.

[49] 揭丹,李万华.公路工程施工总承包项目管理实施中存在的问题及对策[J].工程技术研究,2023,8(3):123-125.

[50] 李雪梅.农村公路施工质量管理措施探讨重点分析[J].大众标准化,2023(3):25-27.

[51] 赵勇.公路工程质量控制与安全管理[J].城市建设理论研究(电子版),2023(4):40-42.

[52] 陈林.公路工程施工项目的精细化管理模式探析[J].城市建设理论研究(电子版),2023(3):13-15.

[53] 郭磊.公路工程施工质量管理与控制重点分析[J].城市建设理论研究(电子版),2023(3):28-30.

[54] 赵海英.公路工程档案资料管理现状及其信息化管理创新[J].兰台内外,2023(2):34-36.

[55] 李天玉.关于公路工程监理在项目管理中作用的分析[J].城市建设理论研究(电子版),2023(2):38-40.

[56] 刘谋智.公路工程试验检测工作中的问题及对策分析[J].工程技术研究,2023,8(1):149-152.

[57] 段治平.国省道干线公路工程建设施工管理分析[J].低碳世界,2022,12(12):148-150.

[58] 叶称港.公路工程施工项目的精细化管理研究[J].运输经理世界,2022(36):25-27.

[59] 韦银瞻.加强国省道干线公路工程建设施工管理的措施[J].交通建设与管理,2022(6):150-151.

[60] 饶舰.新一代信息技术与公路工程建设管理融合应用研究[J].公路,2022,67(12):245-252.